Karl Vischer-Merian

Ährenlese

Karl Vischer-Merian

Ährenlese

ISBN/EAN: 9783743327511

Hergestellt in Europa, USA, Kanada, Australien, Japan

Cover: Foto ©ninafisch / pixelio.de

Manufactured and distributed by brebook publishing software (www.brebook.com)

Karl Vischer-Merian

Ährenlese

ÄHRENLESE

VON

KARL VISCHER-MERIAN.

BASEL.

BENNO SCHWABE, VERLAGSBUCHHANDLUNG.

1893.

Karl Vischer Merian.

MEINER FAMILIE

ZU

WEIHNACHTEN

1893.

INHALT.

I.

DON ANTONIO.

„Sed quid agam? Tanta nobilitas omnium
„locorum (quos quis attigerit?) tanta rerum
„singularum populorumque claritas tenet." *)

it diesen Worten wollte Plinius der ältere, als er seine Naturgeschichte schrieb, die Verlegenheit bezeichnen, welche ihm die Fülle des Stoffes bereitete. Des Schönen, von der Natur und von Menschenhand Geschaffenen, so meinte er, biete Italien so viel, dass ein Einzelner kaum alles zu bewältigen vermöge.

In einer ähnlichen Lage befand ich mich im Frühling des Jahres 1892, als ich dem Garten südwärts der Alpen einen nochmaligen Besuch zu machen gedachte. Schon wiederholt hatte ich die Landstriche westlich vom Apennin von Florenz bis Rom durchstreift. Aber überall hinzugehen, wohin es mich zog, war in der nach Massgabe meiner Kräfte mir zur Verfügung stehenden Zeit dennoch nie möglich gewesen. Auch diesmal musste ich

---

*) Wörtlich ungefähr: «Womit soll ich beginnen? Wie soll ich nach Gebühr die Vorzüge jener vielen Orte preisen, welche alle zu besuchen noch Keinem möglich war, wie ihren Bewohnern den schuldigen Ruhm zollen?» Hist. nat. liber III, Cap. V.

1

mich darauf beschränken, die mir am empfindlichsten
gebliebenen Lücken früherer Reisen zu ergänzen, gleichsam eine Nachlese zu halten. Und so wollte ich diese
Gelegenheit, im Gefühle, dass es wohl die letzte sein
dürfte, nicht versäumen, mich auch auf der Ostseite des
Apennin, welche mir, Venedig ausgenommen, bis jetzt
unbekannt geblieben war, etwas umzusehen, in der Romagna und der Mark Ancona. Dabei sollte ich auch
einen Teil des Apenningebirges kennen lernen, und zwar
jene Berge, welche ich vor fünf Jahren vom Observatorium
von Perugia aus sehnsüchtig und mit Entzücken be-
trachtet hatte. In jenem Augenblicke durfte ich kaum
hoffen, dass ich noch einst die schöne, damals in Schnee
gehüllte Gebirgskette durchwandern würde.

Den Abend meiner Ankunft in Mailand am 27. April
weihte ich dem Andenken meines am Neujahrstage des
vorangegangenen Jahres verstorbenen lieben Freundes,
des Abate und Professors der Zoologie Antonio Stoppani,
welcher den Lesern meines «Aus Umbrien» bereits bekannt ist. Ich suchte zu diesem Zwecke den Neffen
Cornelio auf, welcher für vieles die rechte Hand des
Onkels war und auch jetzt noch bei der Herausgabe des
litterarischen Nachlasses desselben thätig ist. Stoppani's
letztes schriftstellerisches Werk befindet sich nämlich teilweise noch unter der Presse und führt den Titel «Sulla
Cosmogonia Mosaica». Er bestrebte sich darin zu be-
weisen, dass die auf den Ergebnissen der Naturforschung
fussende Entstehung unseres Planeten der von Moses in
ein dichterisches Gewand gehüllten Schöpfungsgeschichte
nicht widerstreite. Über den Erfolg dieser Arbeit bei
seinen Gegnern dürfte sich der gottesfürchtige Autor

Illusionen hingegeben haben. Sein Hauptwerk von unvergänglichem Werte, sein Capolavoro, wird immer «Il bel Paese» bleiben. Sein grosses Verdienst um die Stadt Mailand besteht in der Sorge, welche er der Einrichtung und Bereicherung des naturhistorischen Museums daselbst gewidmet hat. Sowohl dort wie in seiner Vaterstadt Lecco sind ihm seitdem bescheidene Denkmäler errichtet worden. Auch meinerseits das Andenken des trefflichen Mannes, dem ich zu so viel Dank verpflichtet bin, zu ehren, führe ich hiemit meinen Lesern sein Bild vor.

In den germanischen Zügen dieses Lombarden sieht man Herzensgüte mit Ernst und Tüchtigkeit vereint. Wie viele bedeutende Männer, so hatte auch Stoppani das Glück eine ausgezeichnete Frau zur Mutter zu haben. Zwischen beiden bestand ein innigstes Verhältnis. Kindliche Ehrfurcht von des Sohnes Seite, von Seite der Mutter klare Einsicht in die hohe Begabung des Sohnes und volles Verständnis für die Wahl seiner Studien veredelten die gegenseitige Liebe. In rührender und wieder auch verständiger Weise bringt die schlichte, in bescheidenen Verhältnissen in Lecco lebende Mutter in ihren Briefen an den im grossen Mailand geschäftigen Sohn ihre Gefühle zum Ausdruck.

Im Jahre 1844, als er 20 Jahre alt war, schreibt sie ihm:

«Ich finde keine Worte um Dir meine Freude beim «Lesen und Wiederlesen Deines lieben Briefes auszu-«drücken. Nur ein farbloses Bild könnte ich Dir wieder-«geben, denn das Herz . . . das Herz lässt sich mit «Worten nicht genau schildern. Hier solltest Du sein: «eine Umarmung, eine stille Thräne, dann würdest Du

«mich verstehen . . . Aber Du wirst ja Donnerstag kommen,
«und an jenem fröhlichen Tage wirst Du die Freude über
«den geholten Preis, über Dein Kommen, kurz alles auf
«dem Antlitz Deiner Eltern ausgedrückt finden.»

Mit welchem Gefühle der Sicherheit schreibt sie zehn
Jahre später dem schon Dreissigjährigen, allerdings durch
das Schicksal Geprüften:

«Also mutig nun vorwärts, befinden wir uns doch
«alle auf einem elenden Schiffe, welches Welt heisst;
«und alle werden wir, wenn die Reihe an uns kommt,
«bald von diesem oder jenem Winde, von jenen Wellen,
«welche Menschen heissen, geschüttelt, zerschlagen, zu
«Grunde gerichtet. Um Gottes willen also, Mut! Betrachte
«die Dinge nicht mit dem Mikroskop, denn dann werden
«sie zum Erschrecken. Vertraue auf Gott und hoffe auf
«die Zeit . . . Nach gefasstem Entschlusse muss man
«mutig vorwärts gehen und sich nicht durch Hindernisse
«aufhalten lassen; kurz, man muss sich Gott anvertrauen.
«Erwarte keinen Dank von den Menschen; trachte nicht
«nach Ruhm oder Ehren; arbeite zu des Herrn Ruhme,
«und Du wirst Dich zufrieden dabei befinden. Später im
«Leben wirst Du alles richtiger beurteilen und schliesslich
«zur Einsicht kommen, dass die Welt trügerisch ist . . .
«Und nun sprechen wir von Deiner Leidenschaft, Deinem
«Leben, Deinen schönen Träumen, von Deinem Museum.
«Hier sende ich Dir den Catalog. Die Überführung des
«Museums (nach Mailand) betreffend ist auch Vater (papà)
«meiner Meinung: vom Augenblicke an, da Du nur auf
«kurze Zeit nach Hause kommen kannst, hat das Museum
«für uns jene Anziehungskraft nicht mehr wie zu jener
«Zeit, da Du mit Deinen Brüdern vergnügt die Ferien bei

«uns zubrachtest, alle die Muscheln schön ordnetest und
ʀauf die Berge gingest auf die Suche nach so vielen
«schönen Sachen. Für mich ist nun alles vorbei! Kaum
«glaube ich der Vernunft Gehör gegeben, mich in mein
ʀLos gefügt zu haben, so bricht mir wieder das Herz
«und schnürt es mir die Kehle zu . . . Aber stellen
«wir alles dem Herrn anheim und sein Wille geschehe . . .
ʀLebe wohl, mein lieber Geologe! Ermüde nicht zu
«sehr Dein Bein (er litt an Rheumatismus), denn es ge-
«hört auch· Deiner Mamà.»

Dies die Gefühle dieser Mutter und ihre Ermahnungen
an den Sohn, welcher derselben. wohl kaum bedurfte. Doch
nein, so dachte er nicht, der Mann, dessen Demut seinem
Wissen gleichkam, dessen kindliche Gefühle für sie, die
ihm das Leben geschenkt hatte, in Dank, Liebe und
Ehrfurcht aufgingen und in dem Trachten, ihre Freude
und ihr Glück zu sein. Wie sehr sie ihm sein Höchstes
war, bewies er zwanzig Jahre später, als ihm ein schwerer
Unfall begegnete. Mit zehn Freunden auf einer Orientreise
begriffen, wurde ihm unweit Damaskus durch das Pferd
eines Mitreisenden ein Bein zerschmettert. Bitter für ihn
war es, auf das Ziel der Reise, auf Jerusalem, verzichten
und dafür ein schmerzvolles Krankenlager eintauschen zu
müssen. Gross war die Lebensgefahr in Folge anfänglich mangelhafter Verpflegung. Seine Sorge jedoch drehte
sich um die Mutter zu Hause. Er schrieb darüber:
«Dass schmerzliche Gedanken mich bewegten, war natür-
«lich. Zwei besonders lasteten schwer auf mir, vor
«allem derjenige über die der Mutter· bereitete Prüfung,
«mich in so weiter Ferne in so trauriger Lage zu wissen,
«und dann derjenige, meinen Gefährten die Freude an der

«so ersehnten Reise, wenn auch ohne meine Schuld, ver-
«dorben zu haben.» Und im letzten Kapitel der Beschreibung seiner Reise von Mailand nach Damaskus erzählt er, wie er endlich, auf Krücken zu seiner armen
Mutter sich schleppend und in ihre Arme gelangt, sofort
von allen Schmerzen frei sich fühlt und Geist und Körper zu neuem Leben gelangen.

Wir empfinden sie mit, diese seligen Gefühle des
treuen Sohnes, ist uns doch die stets opferfreudige Mutter
ein nie versiegender, unschätzbarer Quell von Hilfe, Lin-
derung und Trost im Leiden, dem auf dem Schlachtfelde
seine Seele aushauchenden Sohne des Vaterlandes oft der
letzte Gedanke, in den sich zu versenken er noch die
Kraft besitzt, der ihn hoch über alles Übrige erhebt, was
ihn an die Welt zu fesseln vermochte.

Wie Stoppani trotz des priesterlichen Gewandes im
Jahre 1848 während der Strassenkämpfe in Mailand gegen
Oesterreich sein Leben der Gefahr preisgegeben hat und
so auch in den Kriegen von 1859 und 1866 im Dienste
des roten Kreuzes, bringe ich kurz in Erinnerung. Als
er dann im Jahre 1875 die Mutter verlor, verbrachte er
seine Ferien nirgends lieber als im heimatlichen Lecco,
wo er sich von ihrem Geiste wie umweht fühlte, am
Fusse jener ihm teuern Berge, welche die Neigung zu
seinem spätern Berufe in ihm geweckt hatten. Wie der
ebenfalls jenem schönen Gelände am See entstammende
Manzoni in seinen «Promessi sposi», so hat Stoppani,
der Naturforscher und Naturfreund, jene seine Heimat in
seinem «Capolavoro» verherrlicht. 1889 im Herbste hatte
er mich dorthin zu sich eingeladen. Da konnte ich mich
bei Anlass eines Regattenfestes überzeugen, welcher Ver-

ehrung von aller dort zusammengeströmten Welt, von Alt und Jung, von Städtern und Landvolk, mein Freund sich erfreute. Jeder drängte sich zu einem Händedruck zu Don Antonio hinzu; so nannte man vorzugsweise den als Abate- und Professor gleich verehrten freundlichen Greis.

Seine letzten Worte an mich, als ich mich im Jahre 1890 unter seiner Thürschwelle von ihm verabschiedete, waren Dankesworte des Patrioten für das ihm wenige Monate vorher von mir gesandte Telegramm, in welchem ich ihm mein Beileid über den Tod des hochgeschätzten Principe Amedeo, des lieben Bruders des Königs Umberto, bezeugte. — Und nun nochmals «Addio!»

Die von uns Gotthardfreunden kaum zu umgehende Stadt Bologna, obschon von mir schon oft besucht, hielt mich beinahe wider Willen einen Tag in ihren Garnen gefangen. Gerne begrüsst man immer wieder die von gesundem Leben strotzende Stadt, welche bei aller materiellen Blüte, deren sie sich seit den Zeiten der etruskischen Felsina bis auf den heutigen Tag erfreut, die früher so berühmte Universitätsstadt nicht verläugnet. Neben dem «Bologna la grassa» des Volksmundes ist heute noch das «Bononia docet» kein leeres Wort, was im Jahre 1888 bei der achthundertjährigen Jubelfeier der Universität sich bewährte. Auch die unsrige hatte sich damals durch eine Abordnung vertreten lassen. Wir erfüllten dadurch nicht nur einen Akt kollegialischer Rücksicht, sondern zugleich eine Dankespflicht. Denn vor fünf- und sechshundert Jahren war der Basler für seine Studien auf die Universitäten des Auslandes angewiesen, und dass unter diesen diejenige zu Bologna vielfach von Basel aus besucht wurde, entnahm ich den 1887 in Berlin gedruckten und auf unserer öffentlichen Bibliothek befindlichen «Acta nationis˙ Germanicae universitatis Bononiensis», in welcher Schrift alle aus der Stadt und der Diöcese Basel stammenden, an der dortigen Universität Studierenden genannt sind. In den ersten Jahrhunderten ihres Bestehens war nämlich die Universität, wie auch die Pariser Universität, nach Nationen gegliedert, wobei selbstverständlich die Basler, auch nachdem sie 1501 Schweizer geworden waren, zur «nacio Theutonica» zählten. Jede Nation besass ihre eigenen Statuten und Privilegien und wählte ihre Lehrer, Vorsteher (Procuratores) und übrigen Beamten. Die Procuratoren nahmen die Anmeldungen entgegen, zogen die verschiedenen Gebühren und Beiträge zur Bestreitung der in den Statuten für die Nation vorgesehenen Ausgaben ein und legten darüber ihren Nachfolgern im Amte Rechnung ab. Aus dem sehr genau geführten Verzeichnisse ist ersichtlich, wie beim Bezug der Gebühren den Vermögensverhältnissen Rechnung getragen wurde und wie sehr im 15ten Jahrhundert nach der Stiftung unserer Universität der Besuch von Basel aus abnahm.

Während nämlich im 13ten Jahrhundert von 1289 an 13 Basler eingeschrieben sind, und im 14ten Jahrhundert 24, so weist das 15te nur noch 3 und das 16te nur 2 Basler auf. Von uns heute etwa noch bekannten Namen wären die Pauler, von Klingen, Schaler, Münch, Esslinger, von Rotberg, Reich von Reichenstein und Amerbach zu nennen. Meistens findet sich nur der Taufname angegeben.

Die Art der Eintragung mögen folgende Beispiele erläutern :

1289. Dominus Mazerel de Basilea, juratus, dedit XII solidos.

1290. Item dominus Pauler de Basilea, XII solidos.

1294. Item dominus Petrus dictus Schaler, III libras.

1294. Item dominus de Clingen, II libras.

1300. Item dominus Henricus de Basilea ad conscientiam salvandam, III solidos.

1300. Item dominus Burchardus Vicedominus canonicus ecclesie Sancti Petri Basiliensis, XX solidos.

1311. In primis dominus Johannes dictus Monachus (Munich) canonicus Basiliensis juratus contribuit III libras.

1311. Item dominus Conradus dictus Schaler canonicus Basiliensis juratus, L solidos.

1323. Item dominus Hainricus Schoerlin*) di Basilea, X solidos.

1365. Rodolfus Monachi cantor Basiliensis solvit XLIIII solidos.

1365. Conradus ejus frater sex libras et XII solidos.

1365. a Henrico Cuta eorum magistro, XVIII solidos.

---

*) Dieser Heinrich Schoerlin war ein Diener des Bischofs von Basel, von wo aus er später zugleich mit einem Matthias von Neuenburg am Rhein, welcher 1315 und 1316 in Bologna studiert hatte, nach Strassburg zog, in den Dienst des dortigen Bischofs Berthold von Bucheck, dessen Leben, eine Art Chronik zugleich, vom genannten Matthias geschrieben wurde, wenigstens zum grössern Teil, wobei ihm Schoerlin allerlei von seinen Basler Erlebnissen erzählte.
(A. d. Zeitschrift für die Geschichte des Oberrheins. Bd. VI. VII. Prof. Schulte.)

1439.   Item a nobili viro domino Arnoldo de Roperg, canonico Basiliensi ducatum unum.

1519.   a Domino Petro Reich de Reichenstayn (canonico Basiliensi) unum florenum renensem.

1555.   Dominus Basilius Amerbachius Basiliensis libras quatuor.

Ueber die hier Genannten ist zu bemerken, dass der unter dem Jahre 1365 erwähnte Conradus Monachi, näm- lich Konrad Münch von Landskron, von 1393 bis 1395, und der unter dem Jahre 1439 erwähnte Arnoldo de Roperg (Rotberg), nämlich Arnold von Ratperg, von 1451 bis 1458 Bischöfe von Basel waren.

Beiläufig sei beigefügt, dass Erasmus von Rotterdam gegen Ende 1506 beim Sturze des Gewalthabers Gio- vanni Bentivoglio durch den Papst Julius II. in Bologna anwesend war und dreizehn Monate dort blieb. Das Klima bekam ihm schlecht, und ungerne verliess er die Stadt, von welcher aus er bequem mit dem in Venedig niedergelassenen gelehrten Buchdrucker Aldo Manuzio zusammen arbeiten konnte.

Nach Gebrauch durften die von unserer Universität zur Jubelfeier nach Bologna abgesandten Gratulanten nicht mit leeren Händen erscheinen. Als Festgabe überreichten sie der gefeierten Alma mater den durch Prof. Dr. A. Teichmann auf diesen Anlass herausgegebenen Brief- wechsel, welchen unser in Bologna studierender Mitbürger Basilius Amerbach vom 8. Oktober 1555 bis zum 15. August 1556 mit seinem Vater Bonifacius, dem geschätzten Rechtsgelehrten an unserer Universität, unterhalten hatte. Diese Briefe geben das hübsche Bild eines freundschaft- lichen Verhältnisses zwischen einem vorsorglichen Vater und seinem reiselustigen, aber immerhin strebsamen Sohne. Eine deutsche Übersetzung des lateinischen Originals dürfte wohl den Lesern der neuen Folge unseres Basler Jahrbuches willkommen sein. Zwar findet sich eine solche teilweise in dem von Fritz Iselin verfassten Lebensbilde des Basilius Amerbach im Basler Taschenbuch 1863, welche Arbeit eine würdige Folge zu derjenigen des Dr. D. A. Fechter über den Vater Bonifacius*) in den Beiträgen zur vaterländischen Geschichte, II. Bd. 1843, bildet. Auch hat Dr. Em. Probst im Neujahrsblatt von 1884 das Leben des Bonifacius behandelt, dieses jedem Basler wohlbekannten und teuern Mitbürgers, des Freundes jener gelehrten Mitarbeiter, welche gleich ihm, als auch bei uns der Tag für die Pflege der Wissenschaft und Kunst angebrochen war, unsere Universität und unsere Stadt zu Ehre und Ansehen brachten, dessen Bild, Hans Hol-

---

*) Es sei hier noch des um die Hebung der Buchdruckerkunst in Basel hochverdienten Vaters unseres Bonifacius, des Johannes Amerbach gedacht, welcher, nachdem er einen humanistischen Bildungsgang durchlaufen und um 1472 auf der Universität zu Paris den Titel eines Magisters der freien Künste sich erworben hatte, von der zweiten Hälfte der 70er Jahre an zu Basel eine Buchdruckerei und den Buchhandel betrieb. Wie die damaligen Drucker im allgemeinen, so stand auch der gelehrte Magister in naher Fühlung und Freundschaft mit manchen hervorragenden Gelehrten und Humanisten seiner Zeit; so mit Beatus Rhenanus, dem gelehrten Friedländer Augustinus Dodo, Canonicus zu St. Leonhard in Basel, Johannes Heynlin von Stein (Johannes de Lapide), einst Amerbachs Lehrer an der Sorbonne in Paris, dann Carthäuser im St. Margarethen Thal, dem jetzigen Waisenhaus, in Basel. Siehe «Beiträge zur Basler Buchdruckergeschichte 1840» und «Hans Amerbach und seine Familie» von Th. Burckhardt-Biedermann im «Historischen Festbuch zur Basler Vereinigungsfeier 1892».

beins d. j. meiner Meinung nach schönstes, und dessen gesammelte Kunstschätze unserm Museum einen ehrenvollen Platz neben den berühmtesten anweisen.

Als Gegengeschenk brachten unsere Abgeordneten verschiedene Festschriften nach Hause. Sie enthalten meist schon Bekanntes. Die Anfänge der Universität sind etwas dunkel. Sicher sei, dass vor und nach 1100 ein Irnerius (ein deutscher Werner?) in Bologna römisches Recht lehrte. Erst seit ihm, der seine Vorgänger und Zeitgenossen daselbst an Gelehrsamkeit übertroffen zu haben scheint, ist von einer Schule auch in Bologna die Rede, wie solche schon in Pavia und Ravenna bestanden. Aus diesen aus freiwilliger Thätigkeit entstandenen Schulen entwickelten sich später unter communalem und staatlichem Schutze die Universitäten mit ihren Statuten. Der Universität in Bologna kam es sehr zu statten, dass sie sich, Dank sehr weitgehenden Privilegien, ohne Eingriffe einer Behörde durchaus frei bewegte, gleichsam wie ein Staat im Staate, und dass sie von den häufigen politischen Störungen unberührt gelassen wurde. Die Stadt hielt viel auf sie und brachte namhafte Opfer, um die berühmtesten Docenten herbeizuziehen. So steigerte sich, wird berichtet, die Frequenz*) im 13ten Jahrhundert auf 10000, im folgenden auf 14000 Studenten, zu denen die deutsche Nation ein ganz bedeutendes Contingent lieferte.

Heute beträgt die Zahl der Besucher gegen 1500, eine für Italien, wo der Universitäten zu viele sind, recht erfreuliche. Seit der neuen Ordnung der Dinge nimmt

---

*) Diese Zahlen beruhen wahrscheinlich auf der Zusammenzählung beider Semester.

die Frequenz wieder stetig zu, nachdem sie in der ersten Hälfte dieses Jahrhunderts auf 50 herabgesunken war. Wie von Alters her, so zählt auch heute die juristische Facultät am meisten Studenten; dann folgt die medicinische, welcher im Jahre 1888 650 Studenten angehörten. Anatomie wurde schon von 1315 an von Mondino gelehrt, und nach ihm von seinem Schüler Alberto Zancari. Im 15ten Jahrhundert legten die Behörden dieser Disciplin Schwierigkeiten in den Weg, namentlich der männlichen Leichname wegen.

Das Frauenstudium war nie verboten. Merkwürdig ist das Auftreten von Docentinnen in früheren Zeiten. Man nennt eine Accorsa, Tochter des Juristen Accorso, und eine Bettisia Gozzadini, welch' letztere 1236 das Doctordiplom erhielt. Beide docierten Jus. Interessanter für uns sind die Folgenden, deren Leben kürzlich Alberto Mario, ein eifriger Verfechter des Frauenstudiums, geschildert hat. Der Name der Laura Bassi war einst von europäischem Rufe. Geboren 1711 in Bologna bewegte sie sich seit frühester Jugend im Hause ihres Vaters, eines Juristen, mitten unter Gelehrten. Die alten Sprachen völlig beherrschend ergriff sie auch das Studium der Philosophie, und zwar mit solchem Erfolge, dass sie sich gegen ihren Willen zu einer öffentlichen, von ihr glänzend bestandenen Disputation herbeilassen musste, worauf sie im Jahre 1731, erst 20 Jahre alt, mit dem Lorbeer bekränzt und das Jahr darauf mit dem Professorat der Philosophie an der Universität betraut wurde. Zu Hause erteilte sie Privatissima in Experimentalphysik. Dass auch sie in diesem Jahrhundert der Perücke gleich Andern arkadisch blökte, konnte kaum anders sein. Bei all' ihrer Gelehr-

samkeit widmete sie sich als Gattin des Arztes Verati
ihren zwölf Kindern mit voller Hingebung.

Nicht weniger berühmt wurde die 1718 in Mailand
geborne Maria Gaetana Agnesi, deren Bildung die be-
güterten Eltern, auf die ausserordentliche Begabung des
Kindes aufmerksam geworden, bewährten Lehrern anvertrauten. Latein schrieb und sprach sie im neunten Jahre.
Im eilften sprach sie griechisch, und ausserdem kannte
sie die europäischen Cultursprachen, die deutsche inbe-
griffen. Dann wandte sie sich der spekulativen Philosophie
und der Geometrie zu, später noch der Physik, Astronomie
und Mathematik. Im Jahre 1749 gab sie, 30 Jahre alt,
ihr Werk über Differential- und Integral-Rechnung heraus,
welches noch in diesem Jahrhundert ins Englische und
Französische übersetzt wurde. Von 1750 an hatte sie an
der Universität zu Bologna den Lehrstuhl der Mathematik
inne, später traten theologische Studien an die Stelle der
andern. Sie starb 84 Jahre alt als Oberin des von Tri-
vulzi gegründeten Asyls für 400 weibliche Arme.*)

Gegenwärtig ist laut Erkundigungen, die ich bei com-
petenter Stelle einzog, das Frauenstudium in Italien ein

---

*) Meine Leserinnen, auf welche diese Abschweifung durchaus
nicht zur Nachahmung berechnet ist, dürfte es vielleicht interessieren
zu wissen, dass Alberto Mario, der oben genannte Verfechter des
Frauenstudiums, von vornehmem Hause aus Lendinara im Venetianischen gebürtig, nachdem er durch Geistesgegenwart und List dem
österreichischen Pulver und Blei entgangen war, als politischer Flücht-
ling sich in England aufhielt, wo er, in die Familie des Schiffbauers
White in Portsmouth eingeführt, die Tochter Jessie heiratete, welche
nun, als Witwe auf den Gütern ihres verstorbenen Mannes lebend
und mit Gelehrten verkehrend, dessen nachgelassene vielseitige Werke
herausgeben lässt.

beschränktes; die meisten Studentinnen widmen sich der Philologie; in Bologna hatte zur Zeit, da ich dort war, eine Medicinerin doctoriert, eine andere Dame studierte Mathematik.

Zu ihren grössten Zierden zählt heute die Universität den Philologen Giosuè Carducci, nun Italiens gefeiertster Dichter. Aus den Festschriften zum Jubiläum entnahm ich, dass er damals als Rector die Festrede gehalten hat, aus Pisa gebürtig seit 1861 an der Universität wirkt und 1887 eine Berufung nach Rom zur Besetzung des Lehrstuhls für Dantelitteratur ablehnte. Ich kannte den berühmten Schriftsteller bereits aus den sechs ersten Bänden seiner nun erscheinenden gesammelten Werke und aus seinen hübsch ausgestatteten und mehrfach aufgelegten «Odi barbare». Eigentümlich wie schon der Titel sind auch die Gedichte. Kühn ist der Gedankenflug, feurig das Gefühl, dem der Dichter unentwegt sich überlässt, und mit unvergleichlicher Meisterschaft weiss er die Sprache jedem Stoffe anzupassen. Als Beweis dafür lasse ich hier seine gleichsam als Vorrede dem zweiten Bändchen der Oden eingereihte Übersetzung von Platens sapphischer Ode «Los des Lyrikers» folgen.

La Lirica.

A la materia l'anima s'appiglia,
polso del mondo è l'azïone; e a sorde
orecchie spesso versa i canti l'alta
lirica musa.

A tutti Omero s'apre e svarïati
gli arazzi de la favola dispiega,
l'autor del dramma trascinando i volghi
le scene eleva.

Ma il vol del sacro Pindaro, di Flacco
l'arte e, o Petrarca, il tuo librato verso
lento ne i cuori imprimesi, e a la plebe
ardüo sfugge.

Grazia che pensa, non agevol ritmo
di canzoncine intorno la teletta:
non lieve sguardo penetra le loro
alme possenti.

Eterno vaga per le genti il nome,
ma raro ad essi spirito s'aggiunge
amico e pio che onori le gagliarde
menti profonde.)

*) Zur Bequemlichkeit des die Vergleichung mit dem Original
suchenden Lesers möge auch dieses folgen:

Los des Lyrikers.

Stets am Stoff klebt unsere Seele, Handlung
Ist der Welt allmächtiger Puls, und deshalb
Flötet oftmals tauberem Ohr der hohe
    Lyrische Dichter.

Gerne zeigt jedwedem bequem Homer sich,
Breitet aus buntfarbigen Fabelteppich:
Leicht das Volk hinreissend erhöht des Dramas
    Schöpfer den Schauplatz:

Aber Pindars Flug und die Kunst des Flaccus,
Aber dein schwerwiegendes Wort, Petrarca,
Prägt sich uns langsamer ins Herz, der Menge
    Bleibt's ein Geheimnis.

Jenen ward blos geistiger Reiz, des Liedchens
Leichter Takt nicht, der den umschwärmten Putztisch
Ziert. Es dringt kein flüchtiger Blick in ihre
    Mächtige Seele.

Ewig bleibt ihr Name genannt und tönt im
Ohr der Menschheit; doch es gesellt sich ihnen
Selten freundschaftsvoll ein Gemüt und huldigt
    Körnigem Tiefsinn.

Bei all' der hier von Carducci bewiesenen Kunst frage ich mich, ob es ihm gelingen würde, uns Alemannen eine Übersetzung von Uhlands so eminent lyrischem «Schäfers Sonntagslied» ins Italienische mundgerecht zu machen. Unsere Empfindungen beim Ruhen aller Arbeit auf dem Lande am Sonntag, während eines Spazierganges durch die Felder, wo statt der Oliven Apfelbäume, in der Ferne statt einer niedrigen Kuppel ein weiss getünchter Glockenturm, ein Storchennest auf der Dachfirst unser Auge, die zu uns sprechenden Glockentöne unser Ohr erfreuen, jene Empfindungen, sage ich, sind zu germanisch, als dass der Romane sich ganz in sie versetzen könnte. Dass die Übertragung lyrischer Dichtungen von einer Sprache in eine andere besonders schwierig sei, war auch Carducci's Meinung, mit dem ich mich bei seinem Verleger Zanardelli eine Weile zu unterhalten Gelegenheit fand. Ein Commentar zu seinen sprachlich und sachlich oft etwas schwierigen «Odi barbare» dürfte manchem Leser erwünscht sein. Er gab es mir zu, meinte aber, das würde vielleicht später ein Anderer besorgen. Vielseitig wie seine Schriften sind auch seine persönlichen Beziehungen. Sie reichen von Crispi bis zu der uns allen, welchen sie einen freundlichen Gruss zugenickt hat, sympathischen «Donna Sabauda». *)

Dass er Bologna treu bleibt und sich nicht anderswohin verlocken lässt, kann man wohl begreifen, denn seine Universität ist eine der wenigen in Italien, welche ein gesundes Leben entwickeln, und die centrale Lage

---

*) S. Terze Odi barbare: A Margherita, Regina d'Italia. Il liuto e la lira.

der Stadt, die fruchtbare Umgegend machen den Aufenthalt in ihr zu einem sehr angenehmen.

Da die Zeit es mir gestattete, so besuchte ich wiederum einige der Institute, durch welche ich mich besonders angezogen fühle, so den Hörsaal Galvani's mit dem ehrwürdigen alten Holzgetäfel, die prächtig geordnete Bibliothek, der Stolz ihres Hüters, des freundlichen Cavaliere Luigi Frati, die Gemäldegalerie, wo ich mich auch diesmal vergeblich mit der h. Cäcilia Rafaels und ihrer Begleiterin, der das Publikum gleichsam ausfragenden hl. M. Magdalena im Vordergrunde auszusöhnen suchte. Für die abermalige Enttäuschung entschädigten mich der grosse Pietro Perugino daselbst, ein anmutender Timoteo Viti und die Kupferstiche Marc Antons, deren manche selten anzutreffen sind.

Einen Ersatz für Skulptur und Malerei finde ich in Bologna immer in der Architectur, dieser hehren Kunst, welche die Beschützerin der beiden andern bildenden Künste genannt werden kann, welche unmittelbar dem schöpferischen Geiste des Menschen ihre Werke, seinem Bedürfnisse ihr Dasein verdankt. Es sind nicht nur die vielen alten Paläste daselbst, an denen mein Auge sich freut, sondern teilweise auch die modernen Bauten. Ihre grossen Verhältnisse lassen der Luft und dem Lichte den ihnen gebührenden Zutritt, so namentlich auch in den hohen Hallen zu ebener Erde, welche in diesem Lande willkommenen Schutz gegen Sonne und Regen gewähren. Nicht überall findet der Reisende Gelegenheit in Museen der Kunst nachzugehen, überall aber begegnet er Bauwerken, welche geeignet sind, bald über die Geschichte des Landes, bald über den Culturzustand seiner Bewohner ihm Aufschluss zu geben. Wer daher einiges Verständnis für die Baukunst besitzt, findet oft da Reize wo ein Anderer nicht. So öffnet uns z. B. J. R. Rahn in seinen kürzlich erschienenen ‹Mittelalterlichen Kunstdenkmälern des Kantons Tessin› das Auge für eine Fülle von interessanten kleinern Bauwerken daselbst, an welchen der Wanderer leicht teilnahmlos vorübergeht.

Mich auf bequeme Art zu zerstreuen, suchte ich nach Tisch das Theater auf.

Man gab den ‹Barbier›, welchen Genuss ich auch meinem Custode, den die um meine Gesundheit besorgte Gattin mir auf die Reise mitgegeben hatte, nicht entgehen lassen wollte. Das Orchester zwar war herzlich schlecht, auch klang mir stellenweise die Musik, obschon ich durchaus kein Wagnerianer bin, wie ein überwundener Standpunkt, worüber ich selbst etwas verblüfft war. Dafür entzückten mich wie immer die deutlich in der herrlichen Sprache gesprochenen und von passender Mimik begleiteten Recitative; auch versetzten mich die Kundgebungen des, wie es im Prologe zu Goethe's Faust heisst, ohne Gage mitspielenden Publikums in eine heitere Laune. Des Beifalls in Zurufen, Händeklatschen, Blumenspenden war kein Ende. Die beliebte Diva gab nämlich ihre Abschiedsvorstellung und hatte das Haus bis zum Ersticken gefüllt. Froh war ich, als ich nach Schluss der Vorstellung mit heiler Haut das Grande Albergo d'Italia, das ich thörichter Weise diesmal auf Zureden eines Freundes gegen das anspruchslose des Pellegrini vertauscht hatte, wieder aufsuchen konnte.

II.

AMALASUNTA.

ologna verlassend schlug ich also diesmal
den Weg nach der Ostküste ein, zunächst
nach Ravenna, der frühern Lagunenstadt,
dem Zufluchtsorte für Verfolgte, nach der
Teilung des römischen Reichs Residenz
der west-römischen Kaiser, dann des Germanen Odoaker
und nach ihm des Ostgoten Theoderich und seiner Tochter
Amalasunta, später Sitz des griechischen Exarchates,
hierauf eine Beute der Langobarden, nach deren Vertreibung von den Franken dem Papste geschenkt, endlich
sich selbst gehörend, bis im zwölften Jahrhundert das
Geschlecht der Polenta die Gewalt an sich reisst. Aber
noch haben die politischen Stürme nicht ausgetobt. Denn
in dieser Romagna gleichen nun die Zustände einem
Kriege Aller gegen Alle, so dass Dante (1265—1321) im
27sten Gesang der Hölle den Geist des Guido da Montefeltro*) sich an Virgil mit der Frage wenden lässt:

---

*) Als Heerführer der Ghibellinen in der Romagna schlug dieser
Guido im J. 1275 das vereinigte Heer der Guelfen und Bologna's. Um 1285
söhnte er sich mit der Kirche aus. 1289 im Solde Pisa's verteidigte
er die Stadt heldenmütig und verfeindete sich neuerdings mit dem
Papste. 1296 Franziskanermönch geworden starb er 1298.

„Dimmi se i Romagnuoli han pace o guerra."

(Sprich, hat Romagna's Volk Krieg oder Frieden?)

und Dante ihm auf des Führers (Virgils) Geheiss antwortet:

> *„Romagna tua non è, e non fu mai*
> *„Senza guerra ne' cuor de' suoi tiranni."* .

(Es ist nicht und war nimmer dein Romagna
In seiner Zwingherrn Herzen ohne Krieg noch.)

Wie anders heute. Tiefe Ruhe überall. Nirgends
Verwüstung. Zwar da und dort steigt eine Rauchsäule
auf. Aber sie verkündet Frieden. Ein Landmann hat
seinen Acker von dem einzigen nun noch vorhandenen
Feinde, dem Unkraute, befreit und es den Flammen übergeben. Von Krieg keine Spur mehr, es wäre denn derjenige, welchen auf diesem von den Gebeinen so vieler
Völkerscharen gedüngten Boden die Halmfrüchte und
Gräser mit einander führen, so dicht drängen sie sich an
einander, als böte die Erde nicht Raum genug für Alle.

Keine Villa, kein Turm, keine Promenade kündigt die
Nähe einer Stadt an. Doch glaube ich in einer Vertiefung
das aus Abbildungen uns wohlbekannte Mausoleum des
Theoderich zu erkennen. Kaum gedacht, und der schwach
besetzte Eisenbahnzug hält bei einer verfallenen Stadtmauer.

Der Eindruck, den ich beim Betreten der Stadt empfing, war trotz des etwas modernen Aussehens derselben
und der grossen Stille kein ungünstiger. Ja, er wurde
bald ein günstiger, als wir bei zwei schönen Marmordenk-
mälern vorbeifuhren, und ward es vollends, als der Wagen
unter der Halle des Hotel Byron, eines ehemaligen herr-
schaftlichen Hauses, hielt, wo uns am Fusse der breiten
Treppe Fräulein Bonaventura, die Tochter des Hauses,

mit freundlichem Anstande begrüsste und uns dann durch
den Kellner zwei Zimmer anweisen liess. Ich hatte ihr
den Wunsch ausgedrückt, «non troppo alto» zu wohnen,
welche Worte das schlaue Mädchen mit Nachdruck dem
Kellner wiederholte, und in der That, wir erhielten die
zwei besten Zimmer eine Treppe hoch. Erst nachher
sah ich, dass in der eleganten ehemaligen casa Rasponi
ein zweiter Stock gar nicht vorhanden war. Ein vor-
treffliches Gabelfrühstück in den kühlen Räumen dieses
echt italienischen Hauses setzte meinen ersten guten Ein-
drücken die Krone auf.

Von der Loggia aus, wo ich dann den Kaffee nahm,
bemerkte ich die Mamà beim Springbrunnen im Garten
mit Aufhängen der Wäsche beschäftigt, aus welch' letzterer die Büste Lord Byrons gar lustig hervorschaute.
Mit den Wirtsleuten sich auf einen guten Fuss zu setzen,
ist eine bewährte Regel. Ich schlenderte also in den
Garten hinunter, als fühlte ich mich durch den an
Feuer keinem Italiener nachstehenden Briten angezogen,
während meine Huldigung der geschäftigen Hausfrau galt,
mit welcher ich mich bald in eifrigem Gespräche befand.
Man berührte die beiderseitigen Familienverhältnisse,
wobei auch meine Urgrossvaterschaft zur Sprache kam.
Sie erwarb mir offenbar das Zutrauen der Leute,
welche mich bald mehr als Hausfreund denn als Gast be-
trachteten. Am folgenden Tage nämlich meinte la
signorina Bonaventura, ich sollte die colazione am Familien-
tische mit den Ihrigen einnehmen, welches schmeichel-
hafte Anerbieten ich jedoch meines Begleiters wegen
dankbar ablehnte. Ich beschränkte mich auf eine Begrüssung und freute mich an dem gemütlichen Bilde der

mit Einschluss der Nonna um den Tisch versammelten drei Generationen der Familie Zoli.

So viel einstweilen aus dieser an Erinnerungen aus dem Mittelalter so reichen Stadt für denjenigen Teil meiner Leser, welcher den Altertümern weniger hold ist. Dieser Letztern eine Fülle, sollte man glauben, müsse aus den Zeiten des alten Rom, der Ostgoten, des Exarchats und des spätern Mittelalters vorhanden sein. Doch dies ist nicht der Fall. Nach Ravenna*) ziehen uns nur die wie nirgends sonst noch im Abendlande wohlerhaltenen Denkmäler altchristlicher Kunst, Überbleibsel aus dem fünften und sechsten Jahrhundert, die uns in eine entschwundene Welt versetzen. Dem äusseren Anblicke nach entsprechen die aus Backsteinen erstellten Gotteshäuser der Demut und Zurückgezogenheit der ersten Christen; ihr Inneres aber ist das gerade Gegenteil und lässt die Kirche als eine sich selbst bewusste erkennen, die durch Pracht auf das Gemüt der Bekenner einzuwirken sucht. Es gilt dies für beide Kirchen, sowohl für die römisch-katholische als für diejenige der nicht zur Gottheit Christi sich bekennenden Arianer. Friedlich wohnten die Bekenner beider Kulte neben einander, denn der grosse Theoderich und seine Ostgoten befeindeten die römische Kirche nicht, schonten deren Gotteshäuser, welche sich bei der Eroberung im Lande vorfanden, und bauten sich neue.

---

*) Für das Folgende habe ich vielfach zu Rate gezogen: J. R. Rahn, Ein Besuch in Ravenna. Zahns Jahrbücher für Kunstwissenschaft 1868. — Conrado Ricci, Ravenna 1875. — A. Melani, Architettura italiana 1887. — Raphael Cattaneo, L'architecture en Italie du VI. au XI. siècle. Venise 1891.

Unter diesen dem arianischen Bekenntnisse geweihten Kirchen ist namentlich die, mit Ausnahme der im sechszehnten Jahrhundert neu erstellten Fassade, unverändert gebliebene Basilika «S. Apollinare nuovo» erwähnenswert. Zur Zeit ihrer Entstehung, um 505, war ihr Name S. Martino in coelo aureo. Den jetzigen zu Irrtümern Anlass gebenden Namen erhielt sie 300 Jahre später von einem Erzbischof Johann, welcher vorgab, die Gebeine des h. Apollinarius aus der um vierzig Jahre später gebauten Kirche S. Apollinare in Classe aus Furcht vor den Sarazenen in ihr in Sicherheit gebracht zu haben. Diese Basilika, zur Gotenzeit wahrscheinlich die königliche Hofkirche, wurde von Theoderich aufs kostbarste ausgestattet. Die langen Säulenreihen aus Marmor, welche das Mittelschiff einfassen, die Rundbogen über denselben und die darüber befindlichen mit Mosaiken bedeckten hohen Wandstreifen sind von überraschender Wirkung. Das Auge wird durch die ungewohnte Form der Säulencapitäle mit ihren Kämpferaufsätzen, und in hohem Grade auch durch zwei höchst interessante Mosaikbilder gefesselt. Das eine, «Palatium» überschrieben, stellt wahrscheinlich einen innern Teil von Theoderichs Palast dar, von dessen Gestaltung wir sonst bei den spärlichen Überresten keinen Begriff haben würden, das andere die zinnengekrönte Befestigung des Hafens von Classis. Eine einförmige Procession gleichmässig orientalisch gekleideter Gestalten, alle von gleicher Höhe, stellt männliche und weibliche Märtyrer dar. Steif und ungraziös wie diese sind auch Maria mit dem Kinde und die drei Weisen aus dem Morgenlande. Die byzantinische Kunst tritt uns grell entgegen. Das vorhandene, von den Ostgoten

Basilika S. Apollinare nuovo in Ravenna.

angenommene gleicharmige Kreuz deutet auf den arianischen Cultus.

An Berühmtheit mit dieser Basilika wetteifert die
nach mancher Urteil an Schönheit sie übertreffende (es

Kapitäl mit Kämpfer aus San Vitale.

ist dies Geschmackssache; s. Platens Distichon*) römisch-
katholische Kirche «San Vitale», den Jahren 526 bis 547

---

*) Hohe Rotunde, du bist ein Produkt des entarteten Zeitlaufs:
Uns Barbaren jedoch scheinst du erhaben-antik.

entstammend, ein von dem vorhin besprochenen ganz verschiedener Bau. In seiner Anlage ein Achteck, ist er
im übrigen im ausgeprägtesten byzantinischen Stile gehalten. Von den andern Kirchen unterscheidet er sich
namentlich auch durch seine halbkugelförmige, aus leichten,
in einander gefügten thönernen Cylindern bestehende
Kuppel, welche sich über acht Pfeilern erhebt. Hinter
diesen zurückstehend, zu ebener Erde sowohl wie in
Stockhöhe, bemerkt das Auge elegante Säulen, welche
die Gewölbe tragen, die sich zwischen ihnen und den

Kreuz der Arianer.

Pfeilern erheben. Unter den Gewölben ziehen sich
Hallen, sogenannte Umgänge, ein unterer und ein oberer,
um das innere Achteck hin. Der obere Umgang, Ma-
troneum, auch Triforium geheissen, war für die Frauen
bestimmt. Der Bau hat etwas Unruhiges; ihn dem Leser
zu verdeutlichen ist ohne Grundriss schwierig, ich ent-
schliesse mich daher, obschon ungerne, einen solchen beizu-
fügen. San Vitale hat infolge der auf die innere Aus-
schmückung verwendeten Kunst und Pracht, des hiezu verwendeten kostbaren Materials, der eingefügten antiken

San Vitale in Ravenna.

Bildwerke und der Mosaiken stets der besondern Gunst der Gelehrten und Nichtgelehrten sich erfreut. Auch hier bieten die Mosaiken ein ungewöhnliches Interesse. Denn sie stellen den Kaiser Justinian mit Gefolge und die Kaiserin Theodora mit ihren Hofdamen dar. Die

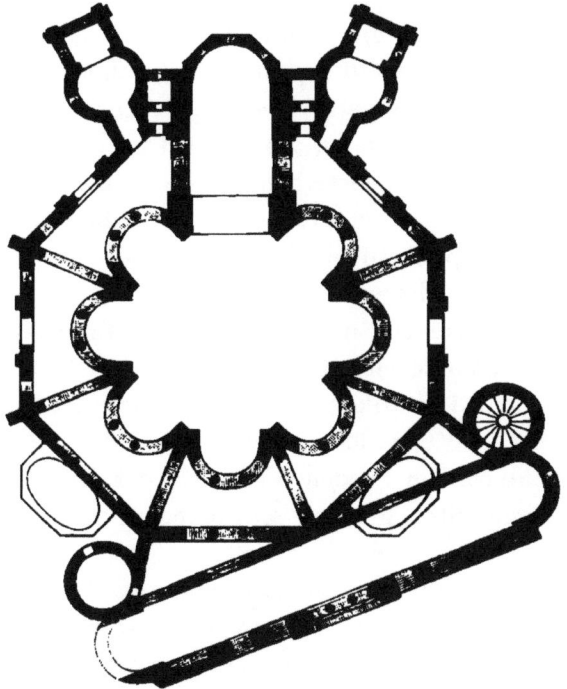

Grundriss von San Vitale.

reichen Gewandungen, der Kopfputz und andere Einzelheiten sind ohne Zweifel historisch getreu (ob auch die Köpfe?) und daher höchst merkwürdig.

Als dritten, diese altchristlichen Baudenkmäler charakterisierenden Repräsentanten erwähne ich noch die nach

bald anderthalb Jahrtausenden heute noch dem römisch-
katholischen Cultus dienende Taufkirche San Giovanni
in Fonte. So unscheinbar dieser achteckige Bau aus
dem zweiten Viertel des fünften Jahrhunderts mit flacher
Kuppel von aussen sich darstellt, so reich ist seine ernst
gehaltene innere Ausstattung. Die Architectur hat noch
antikes Gepräge, die Mosaikdekoration aber, die Taufe
Christi mit den zwölf Aposteln, hat schon byzantinischen
Charakter. Die hagern, mehr als lebensgrossen Gestalten
mit den starren Augen und den flatternden Gewändern
haben etwas Gespensterhaftes. Der Bau steckt tief im
Boden und erhält dadurch etwas Gedrücktes. Man fühlt
sich der Kuppel zu nahe. Die Taufkirche der Arianer
ist dieser in Vielem sehr ähnlich.

Diese wie alle noch übrigen Bauwerke aus der Zeit
der ravennatischen Bischöfe und der Gotenherrschaft
bieten dem Historiker und Architecten Stoff zu Studien
in Fülle. Wenn ich deren einige noch erwähne, so
geschieht es, um zu dem Vorwurfe der Kürze nicht auch
denjenigen allzu grosser Lückenhaftigkeit auf mich zu
laden.

Eine Stunde von Ravenna entfernt steht, da wo einst
die bis auf den letzten Stein verschwundene Hafenstadt
Classis lag, die im Jahre 549 eingeweihte Basilika S.
Apollinare in Classe, bedeutend durch ihre grossen Di-
mensionen und als Muster einer wohlerhaltenen römisch-
katholischen alten Basilika. Leider hat der Abt des dazu
gehörenden Camaldulenser-Klosters im Jahre 1450 die
Marmorvertäfelung der innern Wandflächen verkauft.
Eigentümlich sind die phantastisch in byzantinischem Stile
gehaltenen Säulenkapitäle; störend wirkt das offene Dach-

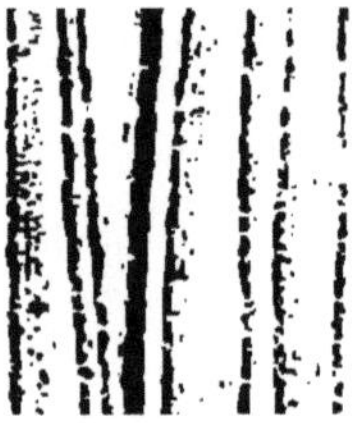

gebälk. Die Säulenbasen*) stecken etwa einen halben
Meter tief im Boden und so das ganze Gebäude, was
nur Folge der Alluvionen sein kann, welche auch halfen
den Hafen trocken zu legen. Dieser lange Backsteinbau
mit dem runden Campanile daneben, die Einsamkeit der
öden flachen Gegend, deren Horizont mit dem hinaus-

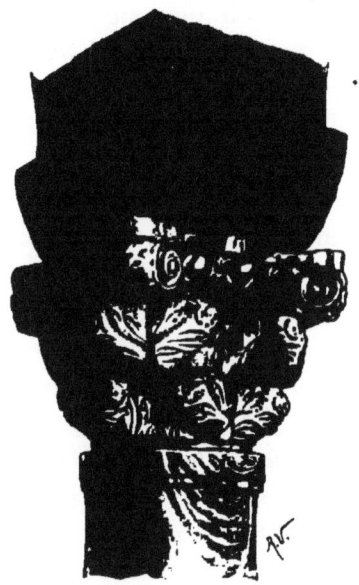

Kapitäl mit Kämpfer aus S. Apollinare in Classe.

gerückten Küstensaume endigt, atmen eine unendliche
Melancholie.

An mehrere Bauten knüpft sich der Name der Galla
Placidia, der unglücklichen Tochter des in Byzanz resi-
dierenden grossen Theodosius (345—395), nach dessen

---

*) Ich bemerke, dass der Photograph für gut gefunden hat, die
Säulenbasen vom angeschwemmten Erdreich zu befreien.

Tode sie sich nach Rom begab. Einundzwanzigjährig
wurde sie hier im Jahre 410 bei der Besetzung der Stadt
durch die Westgoten die Gefangene Alarichs, welcher
sie als Geisel mit sich fortschleppte, indem er dadurch
ihren Bruder, den Kaiser Honorius in Ravenna, leichter
zur Befriedigung seiner Ansprüche zu bewegen hoffte.
Nach Alarichs Tode heiratete sie im Jahre 414 seinen
Nachfolger, den Gotenfürsten Ataulf (Adolf). Die dadurch
gehoffte Aussöhnung der Goten mit Honorius schlug jedoch fehl. Ataulf wurde nach blos einjähriger Ehe in
Spanien ermordet. Galla Placidia, nachdem sie vom
Mörder unwürdig behandelt und nach Gallien fortgeschleppt
worden war, konnte nach Ravenna zurückkehren, worauf
sie im Jahre 417 wider ihren Willen ihre Hand dem
tapfern römischen Feldherrn Constantius gab, welchen
Honorius zum Mitregenten erklärte. Im Jahre 421 starb
Constantius plötzlich. Placidia, von ihrem Bruder Honorius
verstossen, zog sich mit ihren zwei Kindern nach Byzanz
zurück zu ihrem Neffen Theodosius II, mit dessen Hilfe
sie es durchführte, dass nach dem Tode des Honorius im
Jahre 423 ihr unmündiger Sohn als Valentinian III. auf
den Thron des Abendlandes erhoben wurde, was jedoch
erst nach Beseitigung eines Prätendenten in Ravenna geschehen konnte. 25 Jahre lang führte die Mutter als
Vormünderin das Regiment, während dessen in Folge
von Hofkabalen und Eifersucht zwischen ihren Generälen
Aëtius, dem Halbgermanen, und Bonifacius, dem Römer,
die Provinz Afrika verloren ging. Placidia starb 450
in Rom. Ihre Grabkirche in Ravenna, im ganzen noch
gut erhalten, obschon der ursprüngliche Boden anderthalb
Meter unter dem heutigen sich befindet, ist hauptsächlich

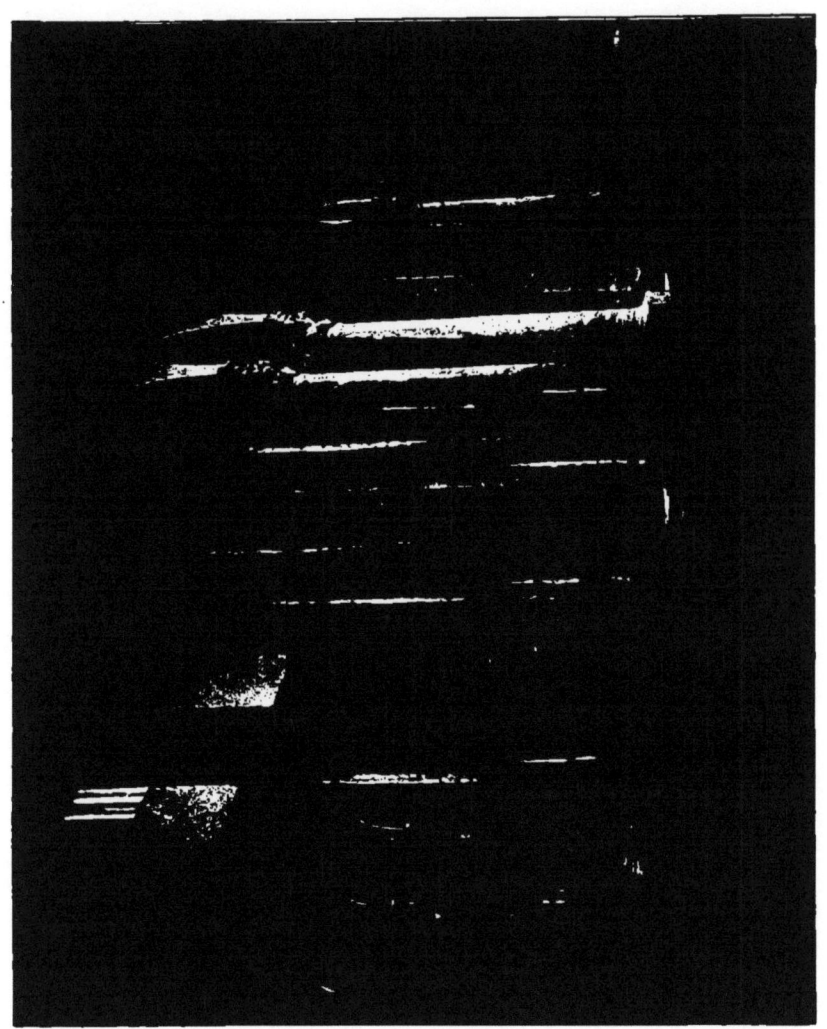

Basilika S. Apollinare in Classe in Ravenna.

des Mosaikschmuckes wegen sehenswert. Früher war sie mit der ebenfalls durch Galla Placidia erbauten und seither durch Erdbeben fast ganz verschwundenen Kirche Santa Croce verbunden. In Erfüllung eines, während gefahrvoller Überfahrt mit ihrem Sohne von Byzanz nach Ravenna, geleisteten Gelübdes liess sie auch die Votivkirche S. Giovanni Evangelista bauen. Auch diese steckt nun im Boden, während die Crypta ganz versunken ist.

Die Mehrzahl dieser, sowie aller übrigen, einst kirchlichen Zwecken dienenden Bauten haben durch spätere Zuthaten, Umbauten, Senkungen, Erdbeben und Raub gelitten. Von einigen ist nur noch eine Säule oder ein Kapitäl, oder ein Ambo (niedere Kanzel) vorhanden; andere sind ganz verschwunden, so die Gotenkirche St. Andreae, aus deren Material ein Castell gebaut wurde, so S. Michele, in Africisco, von welcher Kirche nur noch das weiter unten im Holzschnitt wiedergegebene Kapitäl vorhanden ist, das sich nun im Museum in Ravenna befindet.

Wie dem auch sei, Alles zieht unsere Aufmerksamkeit auf sich wegen des für uns fremdartigen byzantinischen Stils. Dieser jedoch erstreckt sich nicht auf die Anlage, sie ist fast durchgängig diejenige der altchristlichen Basilika mit den langen Schiffen, während in Byzanz das Gotteshaus die Gestalt eines griechischen Kreuzes mit Kuppel über der Vierung, dessen Mitte, annahm. Dieses Kreuz hat die gleiche Gestalt wie das ehemalige eidgenössische, besteht also aus fünf Quadraten von gleicher Grösse.*) Durch Ausfüllung der Kreuzwinkel

---

*) Das lateinische Kreuz ist im untern Teil um zwei Quadrate verlängert und entspricht der romanischen Basilika. Das arianische ist aus länglichen Rechtecken gleicharmig gebildet.

mit Nebenräumen ging das Kreuz in ein mehr oder
weniger quadratisches Viereck auf, so bei Sta Sophia in
Konstantinopel und S. Marco in Venedig. Diese Grund-

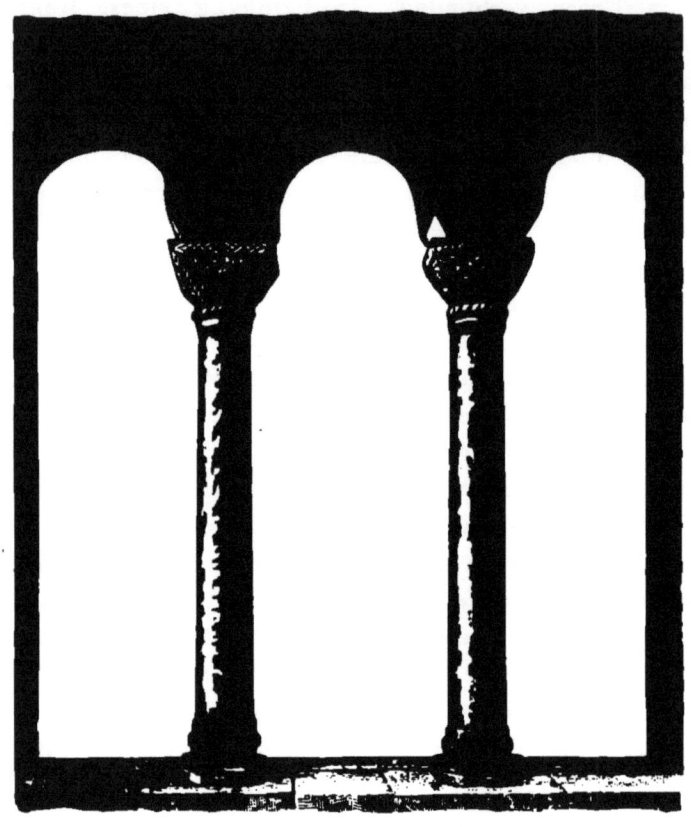

Aus dem obern Umgang in San Vitale.

form hat sich bis auf den heutigen Tag in den Ländern
der griechischen Kirche erhalten, nur dass sie nun zu
wahren Zerrbildern ausgeartet ist, wovon die Kathedrale
Wassilij Blagennoi in Moskau mit ihren fünf zwiebel-

förmigen Kuppeln auf dem gefängnisartigen Quadrate ein
Beispiel gibt.

Das byzantinische (neugriechische) Gepräge der ravennatischen Baudenkmäler beschränkt sich also im grossen
und ganzen auf die Ornamentik, welche allerdings, wie
bei Bauten oft geschieht, den Beschauer in erster Linie
beschäftigt. Mit ihren Eigentümlichkeiten durchweg mich
zu befreunden vermochte ich nicht. Der Schaft der
Säulen ermangelt der leisen Schwellung, welche unserm
Auge wohlthut; er ist geradlinig. Das Kapitäl ist häufig
trapezförmig und trägt statt des Abacus, der Deckplatte,
auf welcher die Bogen ruhen, einen Kämpferaufsatz, welcher
meist nicht verziert ist und in der Form dem darunter
befindlichen Kapitäl oft ähnlich sieht. Die Verzierung
der Kapitäle, Bogen, Gurten zeigt vielfach dem Pflanzen-
reiche, selten dem Tierreiche entlehnte Formen, oder sie
ist auch nur eine gemusterte. Betrachten wir sie auch hie
und da mit Gefallen, so macht sie doch meist den Eindruck des Unfreien, Schablonenhaften und der Manier.
Auffallend ist die flache Behandlung des Basrelief, später
auch in den von den Arabern besetzten Ländern geübt;
wohl orientalischen Ursprungs dürfte sie auf den alt-
indischen bildsamen Holzbaustil zurückzuführen sein.

In auffallender Weise sieht man byzantinischen Stil
und Byzantinismus in den Mosaiken von San Vitale vereinigt. Beim Anblick von so viel geistlosem, prunkvollem
orientalischem Ceremoniell, beim Gedanken, welche Un-
summen dafür aufgebracht werden mussten, begreift man
kaum, wie der Hof zu Byzanz und das Kaisertum sich
bis 1453 haben halten können, nach all' den Bedräng-
nissen durch innere Parteiungen, Barbaren, Kreuzfahrer

und Osmanen. Ich suche es mir durch die Zähigkeit zu erklären, welche einem alten, centralisierten Staatswesen inne wohnt, durch die grossen finanziellen Hilfsmittel, welche die schönen Länder in Friedenszeiten boten, die Thatkraft und das Geschick einzelner Regenten und Heerführer, wie des Cappadociers Nikephoros Phokas und Leo des Isauriers, endlich durch den Mangel an politischem Bewusstsein der Völker. Ranke hebt noch die hohe politische Autorität hervor, welche der Hof von Konstantinopel besass.

Ebenso wenig wie römische Sitte konnte nach der Verlegung der Hauptstadt im Jahre 330 der römische Baustil, welcher sonst überall in den römisch gewordenen Ländern des Reichs der herrschende geworden war, in Konstantinopel die Oberhand gewinnen; er musste dem byzantinischen Stile weichen. Die römische Kraft war eben nicht mehr die frühere und gab, hierin wie in anderm, dem orientalischen und neugriechischen Wesen nach, auf welches sie gestossen war. Ich möchte hiefür meine Leser auf den siebenten Abschnitt «Alterung des antiken Lebens und seiner Kultur» in Jacob Burckhardts «Die Zeit Konstantins des Grossen» verweisen.

In Ravenna, welches seit Beginn des V. Jahrhunderts unter den abendländischen Kaisern und den für ihre Bauten auf die Kunst ihrer Unterthanen angewiesenen Goten in raschem Aufschwunge begriffen war, hatte der neue Stil um so festern Fuss gefasst, als man daselbst des Succurses aus Konstantinopel bedurfte. Von diesem und von Ravenna aus hat der byzantinische Stil einen Einfluss ausgeübt, über dessen Intensität die Meinungen noch auseinander gehen, und dessen Spuren nachzuforschen

sich in neuester Zeit namentlich Rafael Cattaneo in Venedig zur Aufgabe gemacht hat. Sein im Jahre 1891 daselbst erschienenes Werk «Über die Baukunst in Italien
vom VI. bis zum XI. Jahrhundert» behandelt den byzantinischen Stil, wie er nicht nur in Italien, sondern auch
in Syrien, der Türkei und Griechenland während dieser
Zeitperiode zur Geltung gekommen ist. Dass auch er
seinerseits wieder durch die Berührung mit der einheimischen Bauart und den Geschmack der Einwohner
Änderungen erlitt, konnte nicht ausbleiben. Italien betreffend weist nun Cattaneo an Beispielen aus jedem Jahrhundert nach, wie dies stattfand. So ist schon das in
der Abbildung hier beigefügte, den Jahren 806—816 entstammende Ciborium (Hostienaltar) aus S. Apollinare in
Classe bei Ravenna nicht mehr rein byzantinisch. Man
bemerkt an demselben eine Kunstrichtung, welche man
die italo-byzantinische nennen kann und welche den
Übergang zum romanischen Stil bildet.*) Dieser behielt
zwar in der Ornamentik manche byzantinische Elemente
bei, fügte aber neue hinzu, wie z. B. die oft phantastische
Cannellierung der Säulen und die Verwendung figür-

---

*) So kann man auch von einer syro-byzantinischen Richtung
sprechen. Spuren derselben zeigt das Portal der neuen Basler Synagoge.
　　Der italo-byzantinischen Kunstrichtung in Ravenna ging vom
Ende des VI. bis zum Beginn des VIII. Jahrhunderts eine Periode gänz-
lichen Verfalls der Kunst voraus. Wie tief die Kunst damals gesunken
war infolge der Entvölkerung und Not, welche von 566 an Pestjahre,
Viehseuchen, die Verwüstungen der Langobarden, Überschwemmungen
und Hungersnot über das Land gebracht hatten, das zeigen die rohe,
ungeschickte Arbeit von Sarkophagen ravennatischer Bischöfe in
S. Apollinare in Classe und in San Vitale, einzelne Überbleibsel von
Ambonen und dgl. Bauten sind aus jener Zeit keine vorhanden.

licher Motive, von denen ein gegen früher unumschränkter, oft launenhafter Gebrauch gemacht wurde. Die grössere Neuerung aber, welche der romanische Stil brachte, war eine konstruktive, nämlich die Umwandlung der flach gedeckten Basilika in eine gewölbte mittelst Kreuzgewölben, welche auf mächtigen Pfeilern, auch Säulenbündeln ruhten. Dieser Baustil, weil in der Lombardei entstanden, heisst in Italien gewöhnlich der lombardische. In Deutschland und Frankreich entwickelte er sich nach dem Jahre 1000 ungemein rasch und gedieh zu hoher Blüte. Beispielsweise nenne ich die Basilika St. Ambrogio in Mailand, so auch die ältern Teile unseres Münsters in Basel als Repräsentanten dieses Stils. Wie man bei uns in Folge des Erdbebens von 1356 vom romanischen auf den gotischen Stil überging, hat Herr Pfarrer E. LaRoche in belehrender Weise in den vom Münsterbauverein herausgegebenen Beiträgen, Heft III, geschildert. Gerne erwähne ich bei dieser Gelegenheit, wie ein italienischer Architect, mit welchem ich vor sechs Monaten zufällig im Kreuzgange des Münsters zusammentraf, seine Bewunderung über dasselbe ausdrückte. Er hatte sich lange in Ravenna aufgehalten, welcher Umstand mir ein Stündchen angenehmer und lehrreicher Unterhaltung verschaffte, während ich mit ihm das Münster in- und auswendig besichtigte. Nun war er auf einer Kunstreise dem Rheine entlang nach Belgien begriffen.

Wenn man früher diesseits der Alpen häufig den romanischen Stil mit dem byzantinischen verwechselt hat, so war der Irrtum verzeihlich, denn es ist auffallend, wie viele byzantinische Elemente im romanischen Stil aufgegangen sind. An unserm Münster in Basel z. B. sind byzan-

Ciborium in S. Apollinare in Classe in Ravenna.

tinischen Ursprungs oder Stils zu nennen: die rundbogigen
Emporen oberhalb der Langseiten des Mittelschiffs, die orna-
mentierten Kämpferaufsätze auf den Kapitälen der Halb-
säulchen am Chor auf der Pfalz, die flache Behandlung der
Basreliefs, gewisse Motive in der Ornamentik der Gallus-
pforte und die Behandlung der menschlichen Gestalt, der
Köpfe namentlich, daselbst. Darf ich es wagen, darauf
aufmerksam zu machen, dass die Ornamentik gewisser

Kapitäl aus S. Michele in Africisco in Ravenna.

byzantinischer Kapitäle bisweilen grosse Ähnlichkeit mit
dem Masswerk in den Fenstern und anderem Schmuck in
den gotischen Kirchen hat? Als Beispiel hiezu gebe ich
das Kapitäl aus S. Michele in Africisco. «On est toujours
l'enfant de quelqu'un», lässt Beaumarchais den stotternden
Brid'oison im «Mariage de Figaro»*) sagen, und Prof.

---

*) Acte III. Scène 18.

A. Melani in Mailand bringt dies Wort in seiner «Architettura italiana» in Erinnerung, um seine Behauptung zu unterstützen, dass die Keime der Gotik in der Lombardei, beziehungsweise in den Gewölben und Pfeilern der dort entstandenen romanischen Baukunst zu suchen seien. Sei dem wie ihm wolle, überall in der Kunst begegnen wir Übergängen, Übertragungen, Anlehnungen, denn auch sie unterliegt den Gesetzen, wonach alles Thun und Denken der Menschen Rückwirkungen bald ausübt, bald erleidet.

Von Profanbauten aus der Zeit der weströmischen Kaiser und der Gotenherrschaft ist in Ravenna ausser dem Mausoleum des grossen Königs nichts mehr sichtbar als eine Mauer seines Palastes mit einer dort später eingemauerten Badewanne aus Porphyr, welche irrtümlich oft sein Sarkophag genannt wird, und einigen Marmorsäulchen der Tribuna im obern Stockwerke. Karl der Grosse und nach seinem Beispiel Otto der Grosse begannen die Zerstörung des Palastes, indem sie die für ihre baulichen Zwecke verwendbaren Teile über die Alpen bringen liessen. Obschon noch unter Theoderich fertig gebaut, wurde der Palast nicht mehr von ihm bewohnt, sondern erst von seiner Tochter Amalasunta und von Vitiges. Nach der Plünderung durch Belisar wurde er die Residenz des Exarchen und darauf des Langobardenkönigs Aisthulf.

Das Mausoleum ist in antikrömischem Stile erbaut und erinnert an dasjenige Hadrians in Rom. Der wuchtige Bau aus hartem dalmatischem Kalkstein ist durch Abbildungen so allgemein bekannt, dass ich eine solche hier wiederzugeben beinahe für überflüssig halte. Seine flache

Überbleibsel des Palastes des Theoderich in Ravenna.

Kuppel aus Einem Stück von zehn Meter Durchmesser und über einen Meter Dicke gibt einen hohen Begriff vom Können der damaligen Bauleute. Einen Riss in derselben erklären Einige als Folge einer Bodensenkung, Andere eines Blitzstrahls. Lange Zeit stand der Bau im Wasser. Nun ist er davor gesichert. Leider hat ihn blinde Zerstörungswut des zierlichen Säulenumganges unterhalb der Kuppel beraubt, sodass er nun plumper erscheint als ohne Zweifel früher. Eines der Säulchen sah ich noch im Innern liegen. Die unschöne moderne Treppe zum obern Umgang lässt das Verschwinden der ursprünglichen bedauern.

Allen diesen Denkmälern ist, wie bemerkt, das zerstörende Walten der Natur verderblich geworden. Dieser Macht ist selbst eine nicht von Menschenhand geschaffene uns in hohem Grade anziehende Merkwürdigkeit Ravenna's nicht entgangen. In der Pineta, dem meilenweit am Meeresstrande sich hinziehenden Pinienwalde, wandelte Dante (Purg. XXVIII. 20) und ein halbes Jahrtausend nach ihm Byron. Diesem berühmten Dichterhaine setzte ein Frost im Jahre 1888 so sehr zu, dass man seine gänzliche Vernichtung befürchtete. Die Verwüstung war zwar eine arge, aber des Schönen und Unversehrten ist streckenweise noch so viel geblieben, dass ich mich nach zweistündigen Kreuz- und Quergängen ungerne von den malerischen Baumgruppen trennte. Unterholz aller Art und eine reiche Flora füllen die Lücken aus, und Waldwege nach allen Richtungen laden zum Schlendern und Träumen ein. Die Durchblicke nach dem adriatischen Meere hin lassen der Phantasie weiten Spielraum. Von dem Walde nämlich, welchen früher das Meer

40

bespülte, hat sich dieses weit zurückgezogen, oder richtiger
gesagt, eine säculare Hebung des Bodens hat es zurückge-
drängt;[*]) sodass zwischen der frühern und der ▓▓▓▓ Küste
ein flaches ödes Heide▓▓▓, unfruchtbar ge▓▓▓▓▓ ehe-
maliger Meeresgrund, sich ausbreitet. Über ▓▓▓▓ ▓▓▓▓
sieht man die Segel der durch die ▓▓t gleic▓▓▓ ▓▓▓▓,
das Meer selbst aber nicht, man müsste den▓▓▓ ▓▓▓
weniges erhöhten Standpunkt einnehmen. Die ▓▓▓▓g
dieser Fernsicht ist eine so eigentümliche, das ich ▓▓h
entschloss sie meinen Lesern durch ein Bild so gut als
möglich zu vergegenwärtigen.

Aber, so fragt man sich nach dem Verlassen des
Waldes zur Stadt zurückkehrend, ist denn das Verderben
bringende Walten der Natur allein anzuklagen für die
trostlose Öde, die uns wiederum umgibt, für die mit
wenigen Ausnahmen völlige Umwandlung des alten Ravenna in eine modern zu nennende Stadt?

Der Historiker beantwortet diese Frage mit Nein.
Denn hat auch der Boden vieles verschlungen, so
hat weit mehr noch der Mensch zerstört. Sobald Ravenna aufgehört hatte, eine vor Überfällen gesicherte Lagunenstadt zu sein, was schon zur Zeit der römischen

---

*) Ein sicherer Beweis dafür ist darin zu erkennen, dass in der
Stadt Ravenna aus einem frühern Meeresarm oder Kanal nun eine
Strasse geworden ist, in welcher an den Häusern die eisernen Ringe
sich noch befinden, an welchen die Schiffstaue befestigt wurden.
Von diesem Pinienwalde, schon um 550 Pineta geheissen, sagt
der gotische Geschichtschreiber Jornandes in seinen unschätzbaren
Aufzeichnungen, dass daselbst das Gotenheer des Theoderich während
der dreijährigen Einschliessung (Aushungerung) Odoakers in Ravenna
sein Lager aufgeschlagen hatte, während Theoderich das übrige
Italien unterwarf.

RECTA · RAVENNA ·

G.K. Meyer. Basel.

bespülte, hat sich dieses weit zurückgezogen, oder richtiger
gesagt, eine säculare Hebung des Bodens hat es zurückge-

LA PINETA. RAVENNA.

C.K. Meijer — Basel.

Republik der Fall war, konnte die Stadt von den Schicksalen des Festlandes nicht mehr unberührt bleiben, obwohl
auch damals noch die Sümpfe, den Zugang zu ihr mögen
erschwert haben. Im Bürgerkriege, zur Zeit der römischen
Republik, nahm sie für Marius gegen Sulla Partei, und
nach des letztern Sieg wurde sie der Provinz des cisalpi-
nischen Galliens einverleibt. Ihre Blüte wurde durch
Augustus gehoben, welcher den Kriegshafen Classis für
250 Schiffe baute und denselben mittelst der fest gebauten Via Caesarea, von welcher in der Tiefe noch
Spuren entdeckt worden sind, mit der Stadt verband.

Der hohe Glanz der Stadt zur Zeit der Gotenherrschaft überdauerte die Regierung Theoderichs nur noch
so lange als seine Tochter Amalasunta bis zum Tode
ihres unmündigen Sohnes Athalarich im Jahre 534 das
Regiment führte. Beider, des Vaters und der Tochter
Streben, die germanischen und römischen Völker in ihrem
Reiche zu versöhnen, scheiterte an der Unverträglich-
keit der verschiedenen Nationen, dem Zwiespalte zwischen
den Arianern und der römischen Kirche und dem unfreien
Verhältnis zu Byzanz. Amalasunta, welche durch eine
milde und weise Regierung die Römer, zu welchen sie
in deren Sprache redete wie zu den Griechen in der
griechischen, sich zu befreunden und das gotische National-
wesen mit der römischen Cultur zu verschmelzen trachtete, entfremdete sich durch ihren Hang zur letztern
die kriegerischen Goten. Diese wollten z. B. nicht, dass
der junge König von der Mutter gestraft und durch Lehrmeister zu den Studien angehalten werde. Die edle
Witwe nützte es nichts, dass sie sich mit dem ihr feind-
lich gesinnten Vetter Theodat wiedervermählte; sie fiel

der Rache einiger Grossen zum Opfer, nachdem sie im geheimen Einverständnis mit Kaiser Justinian die Oberhäupter, welche an der Spitze ihrer Gegner standen, aus ihrer Nähe entfernt hatte. Ranke erkennt in ihr eine der gewaltsamen germanischen Frauen, wie sie die Nibelungen schildern. Die ihr hundert Jahre früher als Regentin in Ravenna vorausgegangene Galla Placidia nennt er eine weltkundige, geschickte Frau. Diese beiden Frauen waren hochstrebend. Aber während die Römerin dynastische Zwecke verfolgte, widmete sich die Gotin mehr kulturellen Bestrebungen. Darum gebe ich diesem Kapitel den Namen «Amalasunta».

Grossen Schaden erlitt die Stadt Ravenna während der von 535 an durch Belisar und Narses für das oströmische Kaisertum zur Unterjochung Italiens geführten Kriege. In den beinahe zwei Jahrhunderten, während welcher die unter die Botmässigkeit der griechischen Kaiser gebrachten Teile Italiens von Exarchen regiert wurden, machte der Verfall rasche Fortschritte. Innere Kriege, Aufstände, Einfälle von Franken und Alemannen, besonders auch der Langobarden, welche seit Ende des sechsten Jahrhunderts in Italien sich fest zu setzen suchten, hielten das Land in fortwährender Erschütterung. Letztere eroberten endlich im Jahre 751 auch Ravenna und machten damit dem letzten Rest des griechischen Kaisertums in Italien ein Ende. Aber im Jahre 755 mussten sie den Franken weichen, deren König Pipin die Stadt dem Papste gab. Karl der Grosse bestätigte im Jahre 777 diese Schenkung. Das tiefe Dunkel des neunten Jahrhunderts umhüllt auch Ravenna's Geschichte, bis später die Stadt als ein republikanisches Gemeinwesen für ihre Erzbischöfe gegen den Papst in die Schranken tritt. Schwer empfindet sie die Parteiungen der Guelfen und Ghibellinen, Päpstlichen und Kaiserlichen, Folge des unglücklichen Dualismus, welcher mit Karl dem Grossen beginnt, und die Halbinsel bis Ende des Mittelalters zerfleischt. Die Unsicherheit der Verhältnisse, herbeigeführt durch die Konflikte der von Rom eingesetzten Statthalter mit dem deutschen Kaiser, macht sich die Familie der Polenta zu Nutze. Im Jahre 1297 ist ihre Macht schon so bedeutend, dass sie die Verfassung zu ändern vermag. Von 1318 an herrscht sie unumschränkt. 1406 jedoch mischt sich Venedig ein und im Jahre 1461 wird die Stadt dieser Republik einverleibt, welche den letzten der Polenta, Ostasio V, mit seiner Familie nach Candia schafft. Die venetianische Herrschaft war wohlthätig, dauerte jedoch nur bis 1509, da die Stadt wieder an die Kirche überging. Sie wurde hart mitgenommen als im Jahre 1512 die Franzosen unter Gaston de Foix, Herzog von Nemours, mit Hilfe von 5000 Italienern und ebensoviel deutschen Landsknechten einen blutigen Sieg über das Heer der zur Vertreibung der Franzosen aus Italien zwischen Spanien, dem Papste und Venedig geschlossenen Liga unter ihren Mauern errangen. Zur Blüte, welche sie damals unter Papst Julius II als Hauptstadt der Emilia erreicht hatte, erhob sie sich nie wieder. Denn wie das ganze übrige Italien, so empfanden auch jene Gegenden in den folgenden Jahrhunderten all' das Ungemach, welches die Ländergier der mächtigen Nachbarn und die unter ihnen bestehende Eifersucht über die Halbinsel brachten. Diese ward der Tummelplatz, auf welchem sich Franz von Valois und sein glücklicher Nebenbuhler

Karl V, Frankreich, Spanien und Österreich um das
Primat bekämpften, während der Papst, Florenz und
Venedig sich ihrer Haut wehren mussten. Unglaublich erscheinen uns heute die Leiden, die Verwüstungen
und Plünderungen, welche in einer Zeit, da die Künste
und nach deren Verfall die Wissenschaften (Galilei,
Muratori, Volta, Galvani u. a.) ihre grössten Triumphe
in dem an Kräften aller Art strotzenden Lande feierten,
die Völker zur Befriedigung der Leidenschaften der
Regenten erdulden mussten. Ströme Blutes, leider auch
von den Schweizern vor Novara, Marignano, an der
Bicocca, vor · Pavia vergossenen Blutes, erforderte die
Vertreibung der Franzosen aus dem schönen Herzogtum
Mailand durch Karl V, welcher es zur spanischen Krone
schlug; — in die Zeiten der Vandalen versetzt uns die
von diesem Kaiser zur Züchtigung des Papstes zugelassene
Plünderung Roms durch die Landsknechte Frundsbergs
und ihre wilden spanischen Mithelfer, dann die als Entgelt dafür darauf folgende zweimalige Plünderung Pavia's
durch die Franzosen unter dem Marschall Lautrec, endlich die ärgste aller dieser Plünderungen, diejenige der
Stadt Mantua, als nach Aussterben der italienischen Linie der Gonzaga Kaiser Ferdinand II die Reichsacht
über den Prätendenten, den Herzog von Nevers verhängte.
Cesare Cantù ergeht sich in Verwünschungen über die damaligen deutschen Landsknechte, welche drei Tage lang
alle Gräuel in der erstürmten Stadt begingen und die
von den Herzögen während drei Jahrhunderten angehäuften Kunstschätze in alle Winde zerstreuten. Als im
achtzehnten Jahrhundert Erbstreitigkeiten, wie so oft, die
Grossen auf dieser Erde entzweiten, war es wiederum

italienischer Boden, auf welchem sie teilweise ausge-
fochten wurden. Infolge des spanischen Erbfolgekrieges
vertauschte das Herzogtum Mailand das harte spanische
Joch gegen das österreichische; der nach Absterben des
habsburgischen Mannsstammes entstandene Conflict endigte
im Jahre 1748 mit dem Aachener Frieden, welcher dem
geplagten Lande eine fünfzigjährige Ruhe verschaffte,
freilich eine Grabesruhe, aus welcher 1797 der Corse es
aufrüttelte. Nur vorübergehend war das Aufatmen nach
dem Wegfall des geistlichen wie weltlichen Druckes, bis
62 Jahre nach dem Onkel sein Neffe das Werk der Befreiung ernstlich zu ergreifen sich veranlasst fand, dessen
Vollendung dem Borussen im Bunde mit Piemont über-
lassend.

«Civis romanus sum», dieses dem von Barbaren be-
drohten Römer Rettung bringende Wort (Cicero, In
Verrem, act. II, lib. V) darf der heutige Bewohner der
Halbinsel nach Verlauf der auf den Zusammenbruch des
weströmischen Reichs folgenden vierzehn schicksalsvollen
Jahrhunderte, seiner unantastbaren Hauptstadt, der ewigen
Roma froh, wieder ausrufen. Wie im übrigen alten
Centraleuropa knüpft sich auch hier das Werden der
Nation an eine Geschichte, deren Betrachtung oft schmerzliche Eindrücke zurücklässt. Wie erquickt uns dagegen
ein Rückblick auf die vergleichsweise rasch und ohne
nennenswerte Anwendung von Gewalt vollzogene Entstehung der Vereinigten Staaten Nordamerika's, wo Dank
dem Nichtvorhandensein unhaltbar gewordener Zustände
oder traditioneller Verkehrtheiten die individuelle Freiheit
mit der Machtfülle des Staates Hand in Hand geht. Um
wie viel höher wird stets der bescheidene und weise

George Washington in der Geschichte dastehen als ein
Franz von Valois oder ein Karl V!

. Begreiflich, dass Ravenna, so reich an wechselvollen
Schicksalen, so arm an profanen Altertümern ist, und
nicht mehr das Bild einer alten Stadt bietet.
Wie anders, wenn Dante heute seinen Gang durch
die Hölle anträte, würde seine Antwort auf die Frage des
gemarterten Geistes über die Zustände in Ravenna und
der Romagna lauten? Zwar heissblütig wie zu Dante's
Zeit ist der Romagnole auch heute noch, aber der frühere
politische Parteihader hat aufgehört und damit auch so
viele Ursache zu Ausbrüchen der Leidenschaft. Wie seine
italienischen Brüder ist auch der Ravennate im grossen
und ganzen gutmütig und friedlich. Ebenso ruhig und
still wie nur irgendwo im übrigen Europa verstrich auch
in Ravenna der ominöse erste Mai. An jenem Sonntage,
dem man mit Spannung entgegensah, befand ich mich
mitten in der Volksmenge auf der Piazza, wo an öffentlichen Gebäuden noch einige gotische Bestandteile zu sehen
sind, wo ich aber noch mehr Gefallen am Publikum fand,
meist Landvolk, hübsch gebaute Männer mittlern Schlages,
geborene Bersaglieri, aus deren gebräunten Gesichtern
kluge, entschlossene Augen hervorschauten. Ihre an-
ständige Haltung, die Freundlichkeit, mit welcher sie sich
mit mir unterhielten, dem Wagen auswichen, waren muster-
haft. Ich kann leider durch kein Bild den Leser mit dem
männlichen Typus der ravennatischen Bevölkerung bekannt machen; den weiblichen möge er in dem hier bei-
gefügten Bilde erkennen, das ich der Freundlichkeit von
Fräulein Zoli verdanke, welche sich durch die Versicherung,
dass sie sich in meiner Tasche, was ich ihr auch bewies,

Weiblicher Ravenna-Typus.

Mausoleum des Theoderich bei Ravenna.

in guter Gesellschaft befinden werde, bestimmen liess, meiner Bitte zu entsprechen. Typische Gesichtszüge wie diese sind geeignet den Physiognomen sowohl wie den Aesthetiker zu beschäftigen; nicht selten erinnern sie uns an ein in den Gemäldegalerien gesehenes Bild. Wie oft bin ich im Römischen und in Toskana unter dem Volke den Madonnen alter Meister begegnet, und so auch im Venetianischen den Typen, hier namentlich den männlichen, mit welchen uns Paolo Veronese in seiner Hochzeit von Kana bekannt gemacht hat. Auch heute noch haftet oftmals den Venetianern ein leichter semitisierender Anflug an; eine schwache, jedoch durchaus unschädliche Dosis eines solchen ist auch an dem, hier das Mausoleum des Gotenkönigs begleitenden, interessanten Bildchen zu bemerken. Auch bei uns Germanen diesseits der Alpen ist bisweilen trotz späterer Beimischung fremder Elemente die Ähnlichkeit in den Gesichtszügen mit unsern Vorfahren eine auffallende.

Dass an jenem Sonntage die Stadt besonders belebt war, verdankte sie ihrem Schutzheiligen St. Apollinarius, dessen Namenstag man feierte. Auf dem Platze vor der Metropolitankirche war grosses Gedränge. Von Alt und Jung waren die Buden und Verkäufer daselbst umlagert. Dieser Einer zog durch die eindringlichen Worte und Geberden, mit welchen er seine Ware anpries, meine besondere Aufmerksamkeit auf sich. Lange bemühte er sich vergeblich, ein Stück gedrucktes Zeug los zu werden. Soldo um Soldo vom Preise nachlassend führte er dem Publikum zu Gemüte, wie thöricht es sei, die Gelegenheit zu einem so billigen Einkaufe zu versäumen. Nichts fruchtete. Da warf er das Stück, gerechten Zorn heuchelnd, seiner Frau hin, welche es wieder in die Kiste verschloss. Sie holte ihm ein anderes hervor, aber kaum hatte er dieses angefasst, so versuchte er es noch einmal mit dem soeben beseitigten, das er schenken zu wollen erklärte, indem er es zu drei Lire losschlagen werde. «Tre lire» rief ich ihm zu, und das Geschenk war mein, und ich beglückte damit eine junge Bäuerin, welche es mit zufriedenem Lächeln aus den Händen des grossmütigen Verkäufers empfing.

Als ich, nach Hause zurückgekehrt, mich dem Wirte gegenüber anlässlich des ruhigen Verlaufes des anderwärts gefürchteten Tages lobend über die Haltung der Bevölkerung äusserte, vertraute er mir an, dass die Behörde doch geglaubt habe, Vorsichts halber wohl daran zu thun, einige als Krakehler bekannte Individuen über diesen Sonntag in sicheren Gewahrsam zu bringen, ein patriarchalisches Mittel, zu dessen Anwendung manche Behörde in andern Ländern mit konstitutioneller Verfassung sich im Stillen gerne bisweilen die Befugnis wünschen möchte. Auch Herr Zoli hatte, wie ich sah, seine Präventivmassregeln getroffen. Denn als er mich in seinen Keller führte, um mir die dort in Flaschen angehäuften Schätze zu zeigen, musste er, um Licht zu schaffen, die hinter den Kellerlichtern befindlichen eisernen Platten entfernen, welche nötigenfalls das Hineinwerfen von Sprenggeschossen hätten verhindern sollen. Mehr als der viele Wein fiel mir in dem allerdings nicht tiefen Keller die Abwesenheit jeglicher Feuchtigkeit auf. Dies ist in Ravenna nur da der Fall, wo feste Dünen vorhanden sind, während in dem durch spätere Alluvionen ent-

standenen Boden das Wasser oft ein ungebetener Gast
ist. Anlass zu Klagen gibt das Wasser auch dem Fremd-
linge über Tisch. Schon Martial (um 40 n. Chr. geb.) seufzt
in einem seiner 1200 Epigramme nach gutem Wasser:

> *„Sit Cisterna mihi, quam vinea, malo Ravennae,*
> *Cum possim multo vendere pluris aquam."* (Lib. III. 56.)

(In Ravenna wünschte ich mir einen Brunnen statt eines Wein-
bergs, da ich das Wasser weit höher verkaufen könnte.)

Gegen meine Gewohnheit musste ich mehr an den
Wein mich halten als mir lieb war. Der treffliche San
Giovese, ein mildes Gewächs aus der Umgegend von
Rimini, that mir jedoch kein Leid an.

Vor den Alluvionen, welche die Meeresarme zwischen
den Lagunen ausfüllten und noch im sechszehnten Jahrhundert Teile der Stadtmauer begruben, ist nun Ravenna
durch die Eindämmung der vom Apennin stetsfort Schutt
mitführenden Flüsse Ronco und Montone, und des vom
Po sich abzweigenden Armes Primero, dessen Gewässer
sich bis zur Stadt verloren, geschützt.

Nun möge aber auch das moderne Ravenna zu
seinem Rechte kommen. Ich beginne mit den zwei
Eingangs erwähnten Marmordenкmälern. Sie verdanken
ihre Entstehung dem lebendigen Vaterlandsgefühle der
Einwohner.

> *„Ai suoi comunque*
> *caduti per l'independenza*
> *per la libertà d'Italia*
> *Ravenna"*

ist die Inschrift des bedeutendern. Ravenna weiht dies
Denkmal all' den Seinen, wann und wo sie immer für
die Unabhängigkeit und die Freiheit Italiens gefallen.

Edel und einfach wie diese Worte ist der Gedanke, den der Künstler, Cesare Zocchi aus Florenz, im Marmor wiedergegeben hat. Eine wohlgestaltete Italia senkt den segnenden Blick auf den zu ihren Füssen liegenden, durch Feindes Hand gefallenen Krieger hernieder. Unbeschreiblich ist der Ausdruck des Blickes, die in den etwas niedergeschlagenen Augenlidern liegende Trauer, die Würde des zum Sohne des Vaterlandes gesenkten behelmten Hauptes. Ich ward tief bewegt beim Betrachten dieses Denkmals und wiederholte meinen Besuch. Man könnte es mit unserm St. Jakobs-Denkmal vergleichen wollen. Hier fehlt aber, was mir ein Fehler zu sein scheint, jegliche Beziehung der Helvetia zu den prächtigen teils schon sterbenden, teils heldenmütig noch kämpfenden vier Gestalten zu ihren Füssen. Viel glücklicher ist Schloeth mit dem Winkelried-Denkmal in Stans gewesen. In diesem Werke wirkt gerade die Einheit so günstig auf den Beschauer; ohne den sterbenden Winkelried lässt sich der junge Streiter, zu welchem jener den Blick noch wendet, nicht denken und so umgekehrt. Das Realistische des Denkmales in Stans halte ich für einen Vorzug, den es vor vielen vaterländischen Denkmälern mit ideellen Landesmüttern und allegorischen Figuren voraus hat. Selten vermögen uns diese zu inspirieren. Jene Italia in Ravenna und der Löwe in Luzern sind Ausnahmen. Doch möchte ich ihnen noch die Germania des imposanten Niederwalddenkmals beizählen. Bei letzterm suchen wir keine weitere Beziehung zwischen der Germania und den als Beiwerk und Schmuck auf den Reliefs und an den Ecken des Sockels befindlichen Figuren. Denn ihr Blick ist in die Ferne gerichtet, in

Patriotisches Denkmal in Ravenna.

꜀

jene Ebenen jenseits des Rheines, wo der Erbfeind wohnt,
dem ihre Geberde Unheil droht. Den Eindruck erhöht
allerdings auch die selten schöne weite Landschaft, während
unsere Italia von kasernenartigen Gebäuden umgeben ist. Und doch wirkt sie so mächtig. Vier
Löwen an den Ecken ihres Postamentes versinnbild-
lichen, der eine wie aus dem Schlummer erwachend,
der folgende wie nach einem ersten Sichaufraffen gegen
den Bedrücker wieder zu Boden sinkend, der dritte mit
Wut zum Entscheidungskampfe sich erhebend, der vierte
nach erfochtenem Siege mit Befriedigung der Ruhe sich
hingebend, die Jahre 1831, 1848, 1859 und 1870. Auf
einer Bronzetafel mit flachem Relief, auf der Vorderseite
des Sockels, ist ein Mann stehend vor einer auf einem
kümmerlichen Lager gebetteten Frau abgebildet, in der
Sterbenden Hand die seine gelegt. Man erkennt Garibaldi,
wie er, den Österreichern mit knapper Not entronnen,
mit seiner Gattin Anita in einer Bauernhütte vor den
Thoren Ravenna's ein sicheres Versteck findet. Eine
Inschrift auf der Rückseite erinnert an jene Stunde und
an die heroische Frau in Worten von einer eigentüm-
lichen Zartheit, gleichsam die Inanspruchnahme des Denkmals zu diesem Zeichen der Erinnerung und Pietät ent-
schuldigend.

Ich teile mit den Romagnolen und allen Italienern
ihre Sympathie für Garibaldi, wie auch die der Tyroler
für den unglücklichen Andreas Hofer, die der Deutschen
für den gemordeten Joh. Philipp Palm und die aller Völker
für ihre Befreier von fremdem Joche. Man ist bisweilen geneigt, über den Nationalhelden des heutigen
Italiens wegen der Excentricitäten, die er sich im Alter

zu Schulden kommen liess, die Achsel zu zucken. Man übersieht hiebei, welche Stütze er, dessen Persönlichkeit die Völker begeisterte, für Victor Emanuel und Cavour gewesen ist. Später hat er sich arge Blössen gegeben, so durch seinen Zug nach Dijon, wobei dem gutherzigen Manne seine Phantasie arg mitgespielt hat. Seine Fehler, welche nur in dieser, und weder in Hass noch in zu tadelnder Schwäche wurzelten, werden seinen Ruhm bei seiner Nation nicht verdunkeln.

Das andere Denkmal, welches schon bei der Einfahrt in die Stadt meine Aufmerksamkeit auf sich zog, gilt Farini. In sitzender Stellung ballt der aus dem nahen Faënza gebürtige Gesinnungsgenosse und Mitarbeiter Cavours die Faust, im Unwillen über den Frieden von Villafranca, in welchem am 11. Juli 1859 der nach seinem Pyrrhussiege bei Solferino besorgt gewordene schlaue Napoleon III den noch unerfahrenen jungen Kaiser zum Frieden zu bestimmen wusste und Venetien schmählich seinem Schicksale überliess. Erst nach sieben langen Jahren schlug auch für diese zuerst vom ersten Napoleon und später wieder vom Wiener Congress gegen alles Völkerrecht an Österreich überlassene Provinz die Stunde der Befreiung. *)

---

*) Für die 1814—1815 am Congress in Wien tagende hohe Diplomatie wird man mit wenigen Ausnahmen, so des Erzherzogs Johann, des Freiherrn von Stein, Wilhelm von Humboldts, Capo d'Istria's und der Engländer, von Verachtung erfüllt, wenn man in der 1892 erschienenen Biographie des um seinen Heimatkanton Genf hochverdienten C. Pictet de Rochemont liest, wie die Interessen der Völker durch Intriguen geopfert wurden. So behielt damals Frankreich das in die Schweiz wie ein Pfahl ins Fleisch eingekeilte Pays de Gex, so Österreich Venetien und die Lombardei.

Mit den erwähnten zwei Denkmälern habe ich eine Saite berührt, die noch heute in mir nachklingt. Meine Anteilnahme am Wohl und Wehe unserer südlichen Nachbarn zählt eben nicht erst von gestern her, sondern schon aus den Dreissiger Jahren, als die politisch Compromittierten zu Hunderten zu uns herüber flohen, ihre Lebensrettung, später auch ihren Lebensunterhalt zu suchen. Die sich bei uns niederliessen, weit entfernt uns zur Last zu fallen, haben sich uns nützlich· erwiesen und angenehme Beziehungen mit uns unterhalten. Gerne nenne ich die Namen zweier, schon in den Zwanziger Jahren nach Basel geflüchteter Piemontesen, Robbiati und Luigi Picchioni, der erste ein ausgezeichneter Fechtmeister, dem ich wohl einen Teil meiner Gesundheit verdanke, der zweite ursprünglich Genieoffizier, dann Professor der italienischen Sprache an unserer Universität, mit dem ich die alten italienischen Klassiker las und welchem Prof. Jb. Burckhardt seine Cultur der Renaissance gewidmet hat, sodann Achille Rougier aus Mailand, Sohn eines geachteten Juristen daselbst, ein wahrer Gladiator, mit dem ich täglich nach Anleitung einer italienischen gedruckten Theorie das Fechten mit dem Stossdegen übte, Emanuele Moriggia aus Caravaggio, ein Maler, der unser Hausfreund wurde, unter den Nobili in Mailand viele Freunde zählte, später nach seiner Amnestie die Kuppel des Doms in seinem Heimatorte mit Frescobildern schmückte.

Damals waren Silvio Pellico's «le mie prigioni» bei uns in Aller Händen. Man war über die Haft und die Qualen, welche der Schuldlose in der Feste Spielberg bei Brünn erlitten hatte, empört; man war es gleichfalls über das im «carcere duro» daselbst vom edeln Federico

Confalonieri aus Mailand Erduldete. Den Namen des allmächtigen Ministers, des Urhebers namenloser Leiden, die er über den Grafen und andere von dessen Landsleuten, denen man kein anderes Verbrechen vorhalten konnte, als dass sie patriotisch gesinnt waren, verhängt hat, nennt man mit nicht minderem Schaudern als denjenigen des grausamen «womenfloggers», welchem die barbarischen Hinrichtungen in Brescia, Pest und Arad zur Last fallen. Noch jetzt leidet das Kaiserreich an den Versäumnissen, welcher der, sei es aus Egoismus oder Mangel an Einsicht handelnde, jedenfalls der Vaterlandsliebe und weitherziger Gesinnungen ermangelnde Minister anzuklagen ist. Als eine erbärmliche Figur stellt er sich uns in den 1890 in Mailand erschienenen «Memorie e lettere del conte F. Confalonieri» dar. Dem glatten Hofmanne gelang es nicht, den ihm an Klugheit und Würde überlegenen Mailänder am Abende des 2. März 1824 zu dem Schritte zu verleiten, der dem Gefangenen die Freiheit gebracht haben würde. Man lese in Band I, Kap. 9 die plumpen Reden Metternichs, dagegen die feinen Antworten des infolge kaiserlicher Gnade anstatt aufs Schaffot in einen todhauchenden Kerker Abgeführten. Confalonieri war auf dem Transporte von Mailand nach Brünn begriffen. Plötzlich schwenkt der Wagen nach Osten ab. In Wien angekommen wird der Gefangene in ein mit allem Comfort ausgerüstetes, hell erleuchtetes Zimmer gebracht, wo beste Verpflegung seiner wartet. Es wird ihm Fürst Metternich angekündigt, bei dessen Eintreten der Graf sich ehrerbietig verbeugt. «Ma foi, vous logez bien haut», sind des Fürsten erste Worte in Erwiederung auf Confalonieri's stumme Begrüssung. Es folgt eine lange Unterredung, in welcher der glatte Höfling dem in seiner Gewalt Befindlichen alle möglichen Gnadenerweisungen, ja den Besuch einer allerhöchsten Persönlichkeit in Aussicht stellt, wenn er seine Mitverschworenen, unter denen seine Gesinnungsgenossen gemeint waren, nennen wolle. Alles umsonst. Da bricht nach zwei langen Stunden der Fürst die Unterredung plötzlich ab. Auf die Uhr schauend, «ist's möglich!» ruft er aus, «schon eilf vorbei, und ich bin auf einem Ball erwartet», und er empfiehlt sich. — Ist's möglich! rufen auch wir aus. Dies der von einem unverdienten Nimbus umgebene allmächtige Staatslenker eines grossen Reiches.*) Am zweiten Tage darauf rollte der Wagen mit dem Gefangenen unter polizeilicher Bewachung weiter nach der düstern Festung; fünfzehn Jahre später wurde Confalonieri, dessen Gesundheit vernichtet war, angeblich

---

*) Dieses Wesen Metternichs steht durchaus im Einklang mit demjenigen, welches er am Wiener Congress den schweizerischen Bevollmächtigten gegenüber an den Tag legte. In der schon erwähnten Biographie schreibt C. Pictet de Rochemont, p. 169: «M. de Metternich au contraire fut tout sourire. Il se répandit en propos obligeants sur la république. Mais au travers de sa politesse, les Genevois crurent discerner une légèreté qui ne promettait rien de bon, en même temps qu'une assez grande ignorance des questions qui les concernaient», u. s. w.

Nun höre man gar noch was Talleyrand damals an Ludwig XVIII schrieb: «malheureusement celui qui est, en Autriche, à la tête des affaires, et qui a la prétention de régler celles de l'Europe, regarde comme la marque la plus certaine de la supériorité du génie une légèreté qu'il pousse, d'un côté, jusqu'au ridicule, et de l'autre jusqu'à un point où, chez le ministre dirigeant d'un grand Etat, et dans des circonstances telles que celles-ci, elle devient une calamité.» (Corréspondance inédite, 1 Vol. Paris 1881.)

amnestiert, das heisst unter Confiscation seiner Güter*) nach Amerika deportiert. Die Art der Prozessführung, wie sie in den «memorie» beschrieben ist, erinnert an die spanische Inquisition. Auf blossen Verdacht und anonyme Anklagen hin, ohne Confrontation mit angeblichen Zeugen wurde der des Hochverrats unschuldige Confalonieri von einer eigens hiezu ernannten Behörde (Commissione inquirente speciale) nach einer Haft von zwei Jahren und drei Monaten endlich zum Tode verurteilt. Das Urteil wagte man nicht zu vollziehen; es wurde in lebenslängliche schwere Haft umgewandelt, nachdem man 23 Tage lang den Verurteilten in dem Glauben an dessen Vollstreckung gelassen hatte.

Uns zu erleichtern, flüchten wir uns in die den Musen geweihten stillen Räume der Bibliothek, des Museums, der Academia delle belle arti. Diese letztere wird uns des schönen Namens ungeachtet nicht lange aufhalten. Das Institut ist noch jung. Am besten gefiel mir daselbst der Eifer der in den dürftigen Sammlungen beschäftigten jungen Leute. Im Museum sind einige s. g. Kabinetstücke bemerkenswert, so ein Unicum, nämlich eine wahrscheinlich unter Augustus in Magnesia (Lydien) geprägte Münze mit dem Bildnisse Cicero's und der griechischen Umschrift seines Namens. Cicero's jüngerer Bruder Quintus war daselbst Statthalter gewesen. Dessen Sohne zu Ehren, als er Verwalter der asiatischen Provinz war, so meint Visconti, habe die Stadt die Münze prägen lassen. Eine kleine Münze der Galla Placidia von 424,

---

*) Dies ist dahin zu verstehen, dass er des Erbes der väterlichen Güter verlustig erklärt wurde. S. darüber den Brief Metternichs an den Vater Confalonieri Bd. II, p. 146, 147.

Bruchstücke einer beim Graben eines Kanals gefundenen goldenen Rüstung, natürlich derjenigen Odoakers, Andere sagen Theoderichs. Dem Touristen wird auch die Holzkiste gezeigt, welche bis 1876 Dante's Gebeine enthielt. Sie ruhen nun unter seinem Monumente, nahe denjenigen Mazzini's. Bedeutendes Interesse wird Manchem die in hellen, bequemen Räumen untergebrachte Stadtbibliothek bieten. Im Jahre 1714 gegründet wurde sie 1804 durch die Aufhebung der Klöster sehr bereichert. Sie zählt 5000 Manuskripte auf Pergament vom 9ten bis zum 16ten Jahrhundert, worunter aus dem 10ten die einzig vollständige Pergamenthandschrift des Aristophanes, dann eine Anzahl von Cicero's Briefen, zwei Dante-Codices, eine Schrift seines Beschützers Guido da Polenta von 1321, dem Sterbejahre Dante's. Unter den 70000 Bänden besitzt sie 700 deutsche und italienische Incunabeln, worunter die ältesten Drucke von Mainz und Subiaco. Mit besonderer Genugthuung gedenkt der Ravennate des Bürgerspitals mit 140 Betten und 200,000 Lire Jahreseinkünften. Die Stadt zählt nämlich nur 20000, der ländliche Bezirk 60000 Einwohner. Verwalter ist der Conte Guacimanni, von altem ravennatischem Geschlechte. Der wohlthätige Sinn der Einwohner äussert sich durch häufige Schenkungen und Stiftung von Freibetten; so z. B. schenkte Conte Vizzani der Anstalt sein ganzes Vermögen. Tradition, Patriotismus und die in diesem gesegneten Lande nie versagende Spende des Bodens werden Anstalten wie die genannten nie im Stiche lassen.

Für Ravenna wie für das übrige Italien ist die Zeit des Niederganges vorbei; eine Vergewaltigung des Zeitgeistes, ein Rückfall in jene ehemaligen traurigen Zustände sind unmöglich. Der Aufschwung auf allen Gebieten menschlicher Thätigkeit, zwar im Auslande teilweise noch ungekannt, ist so intensiv, dass Europa wie in vergangenen Jahrhunderten aufs neue für manches Italiens Schuldner werden dürfte. Das Zeugnis, welches der vielgereiste Brite in seiner Widmung des Canto IV in Childe Harold's pilgrimage an seinen Freund Hobhouse den Söhnen der Halbinsel ausstellte, hat noch nichts von seiner Kraft verloren. Das haben sie seitdem bewiesen. Es sind fünfundsiebenzig Jahre her, seit Byron, damals in der Lagunenstadt weilend, ihnen und ihrem Lande jenes Hohe Lied gesungen und sich dadurch wie auch den Besungenen ein unvergängliches Denkmal gesetzt hat. Heute würde der hellsehende Dichter der Erfüllung seiner prophetischen Worte sich freuen. Die Schönheit des Gedichts und seine Frische erleiden durch die seit seiner Entstehungszeit veränderten Verhältnisse keine Einbusse. Mich nimmt es stets wieder gefangen heute wie vor einem halben Jahrhundert. Ich wünschte meine Leserinnen möchten, zeitweise die Tauchnitz-Romänchen bei Seite legend, in diese süsse Gefangenschaft sich begeben, wobei sie sich nötigenfalls mit der italienischen Übersetzung des gelehrten Maffei behelfen könnten, denn der Sinn des Originals ist bisweilen etwas schwierig zu entwirren. Zur Fülle des Gedankens gesellt sich Kraft, Frische, Originalität, Erhabenheit. Der Leser bleibt immer gepackt. Über den Stoff findet er auch die Form und diese englische Sprache schön, ja, er gewinnt sie lieb. Es geht mir bei Byron wie bei Shakespeare, dessen kernhafte

Sprüche selten in einer andern Sprache so schön klingen wie in der seinigen, so z. B. der folgende :

„O Gentlemen, the time of life is short ;
To spend that shortness basely were too long."

Henry Percy in King Henry IV., Act V, Scene II.

‹O, meine Freunde, des Lebens Zeit ist kurz:
Die Kürze schlecht verbringen, wär' zu lang.›

Ravenna, wo Lord Byron ein Jahr lang durch Freundschaftsbande und Arbeiten zurückgehalten wurde, wird im Canto IV nur kurz anlässlich Dante's erwähnt. Der Brite bewohnte das Haus neben dem Gasthof, der seinen Namen führt und von dem ich nun Abschied nehme.

Ich empfahl mich der gastlichen Familie Zoli. Der freundlichen Tochter, welche mich die Treppe hinunter begleitete, bezeugte ich meinen besonderen Dank, wobei ich ihr, wenn auch nicht in Hexametern und so feierlich, doch in möglichst geschmeidiger Form all' das wünschte, was Homer dem Odysseus in den Mund legt, da dieser sich von seiner Wohlthäterin Nausikaa verabschiedet. Lächelnd, ohne ihrer Grandezza etwas zu vergeben, winkte sie noch einen Gruss uns zu, als der Wagen zur Halle der weiland casa Rasponi hinausrollte.

III.

ISOTTA.

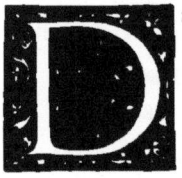as Meer zur Linken, zur Rechten das mit
jedem Kilometer näher herantretende Ge-
birge, führt der Weg nach Rimini. Dieser
Name erinnert an die durch Dante unsterb-
lich gewordene, von Silvio Pellico neuerdings gefeierte unglückliche Francesca. Der Geschichts-
freund denkt dabei auch an das Tyrannengeschlecht der
Malatesta, der Kunstfreund an den nach Alberti's Plänen
erbauten «tempio Malatestiano».

Zu diesem lenke ich meine ersten Schritte. Bald
entdecke ich auf einem Platze von nur mässigem Um-
fange das herrliche Gebäude. Die herrschende Stille, die
Abendbeleuchtung, der dem grau gewordenen Marmor
innewohnende Ernst, mögen dazu beigetragen haben, dass
dieser im edelsten Stile gehaltene, im Vergleich zu andern
Bauten bescheidene Tempel sofort einen tiefen Eindruck
auf mich machte. Ich trete hinzu und betrachte die geschmackvollen Friese und Gurtverzierungen, welche ein
häufig wiederkehrendes Wappenschild mit einem Monogramme, aus den sich umschlingenden Buchstaben S und
I gebildet, umfassen. Zwar ist der Bau unvollendet, aber
es stört uns nicht. Wir sind in die Schönheit des noch

Der Tempio Malatestiano. Rimini.

Vorhandenen versunken, und auch das dem Auge immer
wieder begegnende Monogramm stört nicht; es weckt indessen unsere Neugierde. Ist doch ein Monogramm oft
vielsagend. Für mich ist dieses hier kein Rätsel mehr.
Ich gedenke der Stürme aller Art, welche diese Stätte
zur Zeit ihrer Entstehung umtobten, heute ein Bild des
tiefsten Friedens, ein Zeuge der Vergänglichkeit alles Ir-
dischen.

Die Geschichte des Erbauers Sigismondo Malatesta
(1417—1468) ist eine sehr bewegte. Dieser Sigismondo
darf als ein Typus jener gewaltthätigen, dabei genialen Em-
porkömmlinge und Heerführer (Condottieri) angesehen
werden, welche im 14. und 15. Jahrhundert die italienischen
Städte der Freiheit beraubten, sich aber zugleich als Beschützer der Künste und Wissenschaften hervorthaten
und damit ihre Namen für alle Zeiten mit deren Geschichte
verknüpften. Zu den edeln Regungen, deren dieser
Malatesta fähig war, bildet oft krassester Cynismus einen
kaum glaublichen Gegensatz.

Zwar weniger als andere Condottieri seiner Zeit ist
Sigismondo Malatesta ein Emporkömmling zu nennen, denn
die Wege, die er gegangen ist, waren ihm von seiner
Geburt an vorgezeichnet und gebahnt. Dass er aber
aus diesen Bahnen nicht verdrängt wurde und sein Erbe
behauptete, verdankte er der eigenen Kraft. Seine
Ahnen, einem bürgerlichen Geschlechte zu Rimini ent-
sprossen, hatten schon im 13. Jahrhundert in mehreren
Ortschaften der Mark Ancona die Herrschaft an sich ge-
rissen. Zwei derselben geisselt Dante, ihr Zeitgenosse
(1265—1321), wegen ihrer unmenschlichen Härte. Die
Verse

„E 'l Mastin vecchio, e 'l nuovo da Verucchio,
„Che fecer di Montagna il mal governo,
„Là, dove soglion, fan de' denti succhio"
(*Inf. XXVII. 46—48).*

‹Verucchio's alten Fanghund und den neuen,
‹Der einst so schnöd verfahren mit Montagna,
‹Sieht man, wo sonst sie pflegten, bissig wüten›

gelten dem hundert Jahre alt gewordenen Verucchio da
Malatesta (1212—1312) und seinem Sohne Malatestino
dell' Occhio († 1317). Das Tragische, welches so oft
das Ende eines Geschlechtes begleitet, findet sich hier
schon beim Auftreten desselben. Zwei Brüder nämlich des
Malatestino haben Dante den Stoff zu einer der schönsten
Episoden der ‹Göttlichen Komödie› geliefert (Hölle V. 70 bis
138). Der eine, Lanciotto, wegen seiner Missgestalt auch
Sciancato (der Hüftlahme) genannt, geübt im Kriege,
hatte dem Guido da Polenta, Herrn zu Ravenna, wirk-
same Dienste bei Dämpfung eines Aufruhrs geleistet. Als
Entgelt dafür war ihm Polenta's schöne Tochter Francesca zur Ehe versprochen worden. Die Trauung fand
1275 am Hofe zu Ravenna statt, jedoch mittelst Procura-
tion, wobei der wohlgestaltete Paolo Malatesta seinen
Bruder Lanciotto vertrat. Gross war natürlich die Enttäuschung der unglücklichen Francesca bei ihrem Einzuge
in das Haus der Malatesta. Die Wunde blieb eine
klaffende, bis zehn Jahre nach der Trauung der seinerseits betrogene Lanciotto das liebende Paar ermordete.
Die Terzinen, mit welchen Francesca die vom Dichter
auf seinem Gang durch die Hölle an sie gerichtete Frage
beantwortet, gehören zu den schönsten, welche die italienische Poesie kennt. Ich kann mich nicht enthalten

diejenigen hervorzuheben, in denen Francesca die örtliche Lage ihrer Geburtsstadt Ravenna beschreibt:

> „*Siede la terra, dove nata fui,*
> „*Sulla marina dove il Po discende*
> „*Per aver pace co' seguaci sui.*"

«Es liegt die Stadt, wo ich geboren wurde,
«Am Meeresstrand, wo sich der Po hinabsenkt,
«Mit den Begleitern Ruhe dort zu finden.»

und die so wehmütigen:

> „*Ed ella a me: Nessun maggior dolore,*
> „*Che ricordarsi del tempo felice*
> „*Nella miseria; e ciò sa il tuo Dottore.*"

«Und sie zu mir: Es gibt kein grösseres Leiden,
«Als sich der frohen Zeiten zu erinnern
«Im Elend — wohl hat dies gewusst dein Lehrer.»

Und so fort, bis zum Schlusse dieses Gesanges geht die Schönheit der Sprache mit dem Ausdruck der süssesten Empfindungen Hand in Hand.

Doch wie vorhin vom schönen Dome, so jetzt von diesem schönen Gesange muss ich mich trennen, um zur Geschichte der Malatesta zurückzukehren, welche der in Rimini Verweilende nicht unbeachtet lassen darf.

Ein vierter Bruder der drei Genannten war Pandolfo I. (126? —1326), der Urgrossvater Sigismondo's, ein gewandter Krieger und gewaltthätiger Waghals wie die Malatesta damals alle. Glücklich ausgeführte Handstreiche und grössere Unternehmungen verschafften ihm und seinen zwei Söhnen Malatesta Malatestiano und Galeotto einen solchen Kriegsruhm, dass Florenz, Bologna, Ferrara, die Scaliger von Verona ihnen die Führung ihrer Heere anvertrauten. Stark sich fühlend, verlangen sie von dem in Avignon abwesenden Papste mit der Investitur der von ihnen besetzten, der Kirche widerrechtlich abgenommenen Gebiete betraut zu werden. Wenn sie ihnen verweigert wird, so wenden sie sich, sie die Guelfen und also zur Partei des Papstes haltend, von ihm ab, und an seinen Gegner, den Kaiser. Dieser, damals Ludwig der Baier, obschon im Grunde machtlos, verleiht ihnen die Lehen. Dadurch ermutigt fügen sie den bisherigen Eroberungen noch neue bei, bis der Papst, Innocenz VI. (1352—1362), aufs Äusserste gebracht, den staatsklugen Kardinal Aegidius Albornoz, einen energischen Spanier, gegen die obengenannten Brüder Malatesta ins Feld schickt, welche überall verdrängt werden. Es blieb ihnen nichts übrig, als die Gnade des päpstlichen Legaten anzurufen. Politische Gründe rieten zu einer Verständigung, infolge welcher der Papst seine Lehensherrschaft an die Stelle der kaiserlichen setzte, wobei er an den Malatesta wertvolle Bundesgenossen zu erwerben hoffte.

Dies nur ein kleines Beispiel der anormalen Zustände, welche durch den unglückseligen Akt, durch welchen am Weihnachtsfeste im Jahre 800 in der Basilika des hl. Petrus zu Rom das abendländische Kaisertum wieder hergestellt und Karl der Grosse zum römischen Kaiser gekrönt wurde, geschaffen worden waren.*)

Den mächtigsten der Kaiser, selbst einem Otto dem Grossen und den Hohenstaufen, musste es eine unmöglich zu lösende Aufgabe sein, das jenseits der Alpen liegende, von Stämmen lateinischer Rasse bewohnte Land, in welchem die Kirche beständig auch nach weltlicher

---

*) S. darüber Ranke's Weltgeschichte V. 14.

66

Macht strebte, auf die Dauer in geordnetem Zustande
zu erhalten. Uns erscheint es heute unbegreiflich, dass
ein Teil der Italiener selbst, die Ghibellinen, ein Dante
sogar, in dem Wahne befangen sein konnten, es bedürfe
eines deutschen Kaisers um die Wohlfahrt des Landes
herzustellen. Die Ursachen dieses Wahnes lagen wohl in
einer völligen Ratlosigkeit und im Parteihasse.*) Später
ward allerdings der Dualismus zwischen Kaiser und
Papst Vielen bequem, ein Mittel zur Erreichung ihrer
Zwecke. Dies allein erklärt wie die spätern Kaiser noch
einen Rest von Autorität behaupten konnten, trotz ihrer
Machtlosigkeit und des Gespöttes, welchem sie sich preis-
gaben, wenn sie in einem mehr nur in ihrer Einbildung
bestehenden Reiche sich zu schaffen gaben, Republikaner,
Guelfen und Ghibellinen um sich versammelnd, Ver-
fügungen treffend, die oft nie in Kraft erwuchsen, und den
stets leeren Beutel durch Verkauf von Titeln sich füllen
lassend.**)

Das Glück der von Innocenz VI. zu Paaren getrie-
benen, dann wieder in ihre frühern Lehen eingesetzten
Malatesta blühte rasch wieder auf. Das Geschlecht war
an thatkräftigen Sprösslingen ausserordentlich fruchtbar.
Durch verwandtschaftliche Verbindungen hoben sie sich
auf gleichen Rang mit den Gonzaga in Mantua, Monte-

*) Zur Erklärung der Entstehung dieses Kaiserwahnes lese man
Seite 2 des Aufsatzes von Prof. Andreas Heusler im Historischen
Festbuch zur Basler Vereinigungsfeier 1892.
**) Kaiser Wenzel verkaufte dem mächtigen Giangaleazzo Visconti
in Mailand den Titel eines Herzogs um 100,000 Goldgulden. Sein
Nachfolger, Ruprecht von der Pfalz, musste statt mit Geld mit Schlägen
abziehen.

feltro in Urbino, Colonna und Orsini in Rom und andern hohen Häusern. Namentlich waren es zwei Söhne des Galeotto Malatesta († 1385), welche dem Geschlechte neuen Glanz verliehen, Carlo Malatesta (1368—1429) und Pandolfo III. (1370—1427). In den ihnen vom Papste übertragenen Lehen herrschten sie unumschränkt, jedoch als weise Regenten, welche zum Wohle ihrer Unterthanen Mass und Ziel in ihren politischen Aspirationen zu halten wussten. Bei Beginn des 15. Jahrhunderts stehen sie nicht nur mit dem Papste Bonifacius IX. (1389—1404) und Giangaleazzo Visconti, dem Herzoge von Mailand, in freundschaftlichem Verkehr, sondern unterhalten auch mit Florenz und Venedig, sowie den übrigen grössern Herrschern in Italien gute Beziehungen. Im Dienste Visconti's neben dem Condottiere Giacomo dal Verme stürzten sie das Regiment des Giovanni Bentivoglio in Bologna, wo Pandolfo vorübergehend zum Gouverneur eingesetzt wurde. Als Beweis wie viel er bei Visconti galt, wird hervorgehoben, dass er bei dessen Tode in Pavia 1402, von Rimini mit 3000 Pferden dorthin aufbrach und beim Leichengeleite in Mailand zur Rechten einherging. Giovanni Maria Visconti, welcher mit seinen zwei Brüdern sich in die Erbschaft teilte, ernannte ihn zum Gouverneur der Stadt. Später aber, unvermögend den wieder auftauchenden Zwist zwischen Guelfen und Ghibellinen darniederzuhalten und die Begehrlichkeiten seiner Condottieri zu bezähmen, musste Visconti es geschehen lassen, dass auch Pandolfo es nicht anders machte als die übrigen Condottieri und sich unter dem Vorwande, sich für rückständigen Sold zu entschädigen, der Städte Brescia und Bergamo im

Jahre 1404 bemächtigte. Die Feindschaft, welche er sich dadurch vom Herzoge zuzog, verhinderte nicht, dass dieser vier Jahre später in seiner Not sich ganz den Händen des Bruders Carlo anvertraute, welcher ihm das Castell der Stadt Mailand wieder gewann, wofür er zum Gouverneur der Stadt eingesetzt wurde.

Die gross gewordenen Malatesta schienen dem Giovanni M. Visconti eine solche Gewähr zu bieten, dass dieser 1408 Carlo's Nichte Antonia Malatesta von Cesena heiratete, welche damals beim wieder ausgesöhnten Onkel Pandolfo in Brescia sich aufhielt. Anstatt aber aus der Stütze, welche er an den beiden Brüdern hatte, den möglichsten Vorteil zu ziehen, liess sich der schwache Herrscher zu einem Bündnis mit dem nach seinem Herzogtum lüsternen König Karl VI. von Frankreich betören, worauf seine treuesten Diener ihn verliessen. Carlo Malatesta zog sich nach der Romagna zurück, Pandolfo nach Brescia. Es fiel dies in die Zeit des grossen Schisma, während dessen in Rom Papst Gregor XII., in Avignon der Gegenpapst Benedikt XIII. residierte.

Da kam Carlo in die Lage, sein Geschick auch als Friedensstifter zu zeigen. Gregor war in seinem Bestreben gescheitert, den Gegenpapst zu einem freiwilligen Rücktritt zu bewegen. Im Gegenteil, er hatte sich die Mehrzahl der Kardinäle, namentlich die französischen und auch den Neapolitaner Cossa, zu Gegnern gemacht. Für sein Leben fürchtend floh er zu Carlo Malatesta nach Rimini. Dieser, aufrichtig bestrebt, den die Kirche entehrenden Zwiespalt zu schlichten, bemühte sich vergeblich das in Pisa aus freien Stücken versammelte Concil zu Gunsten Gregors und diesen zu einiger Nachgiebigkeit zu bestimmen. Benedikt und Gregor, da sie der Aufforderung des Concils, in Pisa zu erscheinen, keine Folge geleistet hatten, wurden am 17. Mai 1409 als Schismatiker, Ketzer und Unverbesserliche der Papstwürde entsetzt, und am 25. Juni erhielt die Kirche einen dritten Papst in Nicolaus V. Dieser starb 1410. Sein Nachfolger ward eben jener Cossa, der Neapolitaner, ein Hauptanstifter des Zwistes, nun Johann XXIII. Nun folgten sieben wirre Jahre, während welcher Carlo Malatesta bald die Feder, bald das Schwert führte. Nicht nur nötigten ihn hiezu die drei Päpste, deren ein jeder sich mit Waffengewalt zu behaupten suchte, wobei er auf Gregors Seite stand, sondern auch ungarische Reiterhorden, welche 1411 und 1412 auf Befehl Kaiser Sigismunds, Königs von Ungarn, der mit Venedig wegen Istriens und Dalmatiens Krieg führte, raubend in das venetianische Gebiet eingefallen waren. Mit seiner Hilfe konnte sein Bruder Pandolfo die letztern Feinde zurückschlagen.

Wie sehr es zugleich Carlo's fortgesetztes Bemühen war, die drei streitenden Päpste zu einem Verzicht auf ihren Sitz zu bewegen, um auf einem neu anzuordnenden Concil eine neue Papstwahl vorzunehmen, geht aus seinem Briefwechsel mit gleichgesinnten einflussreichen Männern geistlichen und weltlichen Standes hervor. *)

An dem endlich von Kaiser Sigismund nach Constanz . zusammenberufenen Concil erschien er als Vertreter des Papstes Gregor. Als solcher hielt er seinen Einzug mit

---

*) L. Tonini. Rimini nella Signoria dei Malatesta. Rimini 1882 V.
C. Tonini. La coltura letteraria e scientifica in Rimini, etc. Rimini 1884.

einem Gefolge von 250 Berittenen und 24 mit schwarzem
Tuche bedeckten Maultieren. In der 14ten Sitzung
des Concils am 4. Juli 1415 verlas er im päpstlichen
Stuhle sitzend und seines Mandates sich entledigend, den
Verzicht Gregors auf die päpstliche Würde, nachdem er
an die vom Kaiser präsidierte Versammlung eine Allocu-
tion über die Worte «Facta est cum angelo multitudo
militiae coelestis» (Ev. Lucae II. 13) gehalten hatte.*)
Bald darauf nach Rimini zurückgekehrt, sah er sich
wiederum in kriegerische Unternehmungen verwickelt, in
welchen ihm sein früheres Glück untreu wurde. Zweimal
geriet er in Gefangenschaft, einmal 1416 in diejenige
des Condottiere Fortebraccio da Montone, als er der
von diesem bedrängten Stadt Perugia zu Hilfe eilen
wollte. Mit Mühe brachte seine Gemahlin Elisabetta
Gonzaga das starke Lösegeld auf, mit welchem sie ihm
1417 die Freiheit wieder verschaffte. Und als er 1424
mit seinem Bruder für Florenz gegen die Truppen des
Herzogs von Mailand in der Romagna kämpfte, bereitete ihm die Sorglosigkeit der anfänglich siegreichen
Florentiner eine Niederlage. Er wurde gefangen und
zum Herzoge F. M. Visconti nach Mailand gebracht,
seinem frühern Zöglinge, welcher ihm sofort unter allen
Ehren die Freiheit schenkte und mit ihm einen Vertrag

---

*) Auch Papst Johann, von welchem am 5. November 1414 das
Concil eröffnet worden war, hatte seinen Verzicht eidlich erklärt.
Als er ihn später nicht mehr halten wollte, wurde er seines Meineids
wegen eingekerkert. Der halsstarrige Papst Benedikt in Avignon
wurde am 26. Juli 1417 endlich seines Sitzes verlustig erklärt, worauf
am 11. November Otto Colonna Papst wurde. Er nahm den Namen
Martin V. an.

zur Sicherstellung der von den beiden Brüdern in der Romagna besessenen Gebiete schloss. Hierauf kehrte Carlo im Jahre 1425 nach Rimini zurück, wo er 1429 starb. Im Jahre vor seinem Tode hatte er sich noch zum Papste Martin nach Rom begeben, um sich von gewissen über ihn ausgestreuten Verläumdungen rein zu waschen und die drei Söhne seines verstorbenen Bruders Pandolfo legitimieren zu lassen. Dieser hatte im Jahre 1420 nach siebzehnjähriger Herrschaft die Städte Bergamo und Brescia wieder an den Herzog von Mailand verloren und war nach Fano zurückgekehrt, wo er sich sprachlichen Studien widmete.

Beide Brüder hatten in ihrer Jugend das Glück gehabt, von ihrem Vater tüchtigen Lehrern anvertraut zu werden, durch welche sie zu Humanisten ausgebildet worden waren, was sie empfänglich gemacht hatte für alles Schöne und Lobenswerte, das sie in Städten wie Florenz, Mailand und Venedig mochten gesehen und gehört haben. Die vor den Türken übers Meer geflüchteten griechischen Gelehrten waren in Rimini gastlich aufgenommen worden. Durch die Pflege, welche Carlo den Wissenschaften und Künsten an seinem bescheidenen Hofe angedeihen liess, gewann Rimini in jenen Tagen eine Bedeutung, um welche manche grössere Stadt sie beneiden durfte. Unter den Künstlern, welche Carlo's Residenz, damals noch der sog. Gattolo, zieren halfen, nennt man den jungen, später durch seine Erzpforten am Battisterio zu Florenz berühmt gewordenen Lorenzo Ghiberti (1381—1455). Als weiser, um das materielle Wohl seiner Unterthanen besorgter Regent verschaffte Carlo Malatesta (laut Tonini unstreitig der beste seines Ge-

schlechts) der Wollindustrie in Rimini Eingang und er-
weiterte den Hafen. Die Blüte, zu welcher er die Stadt
erhob, vermehrte zugleich seine Einkünfte. Dennoch
vermochte diese Kultur eine althergestammte Härte und
Grausamkeit nicht zu verbannen. Bei Carlo's Tode schmach-
teten noch zwei edle Herren de Montevecchio seit acht-
zehn Jahren im Kerker zu Rimini, wie ich in einem
Briefe lese, welchen Papst Martin V. im Jahre 1430 zu
Gunsten ihrer Freilassung an die drei jungen Neffen
Carlo's richtete, «um willen des Seelenheils ihres Vaters
Pandolfo und zur Entlastung ihrer Gewissen». (Nro.
XXXVI. App. zu Vol. V. L. Tonini.)

Absichtlich habe ich bei diesen zwei Brüdern länger
verweilt. Ich kann sie auch jetzt noch nicht verlassen,
ohne einen hübschen Zug zu erzählen, der in ihre Jugend-
zeit fällt, und welcher, wie auch die Liebe, welche die
zwei Söhne Galeotto's verbunden hat, eine erquickende
Erscheinung ist in jener Zeit, da die Bande der Familie
und der Freundschaft so oft missachtet wurden. Auch
dürfte darin bereits der die Sitten mildernde Einfluss des
erwachten Humanismus zu erkennen sein.

Die Republik Florenz, aus Furcht vor der Übermacht
der Visconti in Mailand, rüstete sich zum Kriege gegen
sie und zog Hilfstruppen an sich. Da gelang es den zu
Mailand haltenden Brüdern Carlo und Pandolfo Malatesta
einen für die Florentiner bestimmten Zuzug in die Flucht
zu schlagen. Weit entfernt nun, auf Rache zu sinnen,
richten die Florentiner ein väterlich und freundschaftlich
gehaltenes Schreiben an die jugendlichen Sieger von 17 und
15 Jahren, in welchem sie ihnen die Befürchtung ausdrücken, «sie möchten, der frühern Freundschaft ihres

Hauses vergessend, in Selbstüberhebung des errungenen Vorteils und aus jugendlicher Unerfahrenheit es übersehen, wie wertvoll gute Freunde seien und wie gross die Gefahr, Mächtigere zu Feinden zu haben. Sie möchten doch das so wahre Wort des Dichters beherzigen, welches den der Laune des Schicksals preisgegebenen Menschen ermahne, Mass zu halten im Frohlocken über glückliche Erfolge. Die Gelegenheit zur Erfassung der ihnen dargebotenen Hand zum Frieden sollten sie nicht versäumen.» Die lateinischen Worte dieses Briefes sind deutliche Anklänge an Ode III und andere des zweiten Buches der von einer heiteren Lebensweisheit getränkten Gesänge des Horaz. Der Brief, einzig in seiner Art, ist abgedruckt in Tonini IV. Documenti.

Die Luft, welche der junge Sigismondo im Hause des Onkels eingeatmet hatte, die Verhältnisse, unter welchen er dort aufgewachsen war, mögen es erklären, dass trotz seiner unbändigen Natur edlere Keime in ihm zurückblieben, denen es zu verdanken ist, dass im Gegensatze zu viel Schlechtem, das sich an sein Andenken knüpft, anderes dennoch unsere Beachtung verdient.

Den Vater verlor er als er zehn, den Onkel als er zwölf Jahre alt war. Der Junge zeigte sich bald in ungewöhnlichem Grade frühreif und aufgeweckt. Er, wie auch seine zwei Brüder Galeotto und Domenico, dieser auch Malatesta Novello geheissen, waren dem Vater Pandolfo während seiner Herrschaft in Brescia von einer edlen Dame, Antonia da Barignano, geboren worden. Stählernen Körpers und wohlgestaltet, und deshalb der Liebling der Riminesen, trat Sigismondo in den Jahren, in welchen sonst die Knaben noch auf der Schulbank sitzen, mit einem staunenswerten Selbstvertrauen auf. Erst dreizehn Jahre alt, als die raublustige Soldateska der Nachbarn in Urbino und Pesaro die Erblande der drei Brüder durchstreifte, säuberte er sie mit einem Haufen rasch um sich versammelter Untergebener. Im folgenden Jahre dämpfte er einen Aufruhr in Cesena und eilte dann mit einigen tausend Mann seinem ältern Bruder Galeotto in Rimini zu Hilfe, welchen ein Vetter, Giovanni Malatesta von Pesaro, bedrängte. Zwei Jahre darauf stirbt Galeotto, Sigismondo ist sein Erbe und nun Herr von Rimini und Fano. Gegen ihn, den Minderjährigen, bildet sich eine Coalition, bei welcher unter der Hand auch ein Vormund und selbst der Papst sich beteiligen. An der Spitze von 4000 Mann zu Fuss und 800 Berittenen zieht der seinen Vormündern in Rimini entflohene fünfzehnjährige Mündel gegen den übermächtigen Feind ins Feld und schlägt ihn 1432 bei Lungarino. Sofort kehrt er auch den Diplomaten heraus, indem er mit dem Papste sich versöhnt und mit ihm wegen der Herrschaft über Rimini und Fano sich verständigt. Dann aber sucht er einen Halt an Verbündeten.

Im Solde Venedigs befand sich damals der grosse Condottiere Francesco Bussone da Carmagnola; dieser bot Sigismondo seine Tochter zur Ehe an. In Aussicht auf eine durch diese Verbindung mögliche Anlehnung an jene Republik trat Sigismondo auf den Vorschlag ein und es fand die Verlobung statt. Als aber des künftigen Schwiegervaters Kopf dem Argwohn der Zehn in Venedig zum Opfer fiel, verzichtete Sigismondo auf die Tochter. Den schon empfangenen Teil der Mitgift behielt er zurück unter dem Vorwande, dass sein Vater Pandolfo s. Z.

durch Carmagnola die Stadt Brescia verloren habe. Ein ominöser Anfang.

Der Friede mit Rom brachte Rimini einige glückliche Jahre der Ruhe. Die Stadt beging glänzende Feste, als 1433 der deutsche Kaiser Sigismund auf der Rückreise von Rom nach seiner Krönung durch Papst Eugen IV. von seinem jungen Namensvetter bewirtet wurde, dieser dagegen nebst seinem Bruder die Ritterwürde vom Kaiser erhielt.

Die Waffenthat von Lungarino hatte Sigismondo den Ruf der Kriegstüchtigkeit gebracht. Mit dem Jahre 1435 sollte er als Condottiere im Dienste der Kirche zum ersten Male in die Geschicke Italiens eingreifen. Er führte 600 Lanzen ins Feld, jede, wie in dem auf sechs Monate lautenden Vertrag angegeben wird, drei Mann und drei Pferde zählend, wofür ihm 5000 Goldgulden bezahlt wurden. Mit dem Grafen Franz Sforza vereint versuchte er in der Romagna sein Glück. Ihnen standen die bekannten Condottieri Franz und Niclaus Piccinino mit den Ordelaffi, Herren zu Forlì, gegenüber. Glänzend bestand der achtzehnjährige Sigismondo die Probe; er wurde Gouverneur der eroberten Stadt Bologna und vom Papste in fernern Sold genommen. Sein Verhältnis zu diesem trübte sich aber bei Ablauf des zweiten Vertrages und er kehrte 1437 nach Hause zurück, wo er den Bau eines neuen Castells in Angriff nahm.

Wollte ich nun seine Geschichte weiter führen, ich müsste die damalige ungemein bewegte Geschichte Italiens erzählen, da er, man kann sagen, überall mitthätig gewesen ist. Ich gebe daher in Folgendem geschichtlich wenig unter sich Zusammenhängendes und beschränke mich auf Einzelnes, was mir zur Hervorhebung von Sigismondo's Wesen geeignet erscheint, indem ich hiezu die Berichte der Chronisten benütze, welche in L. Tonini's mit Urkunden bereicherter Geschichte von Rimini enthalten sind.

Die Geschicke des Landes lagen grossenteils in den Händen der Condottieri, welche im Solde der Machthaber und der wenigen übrig gebliebenen Republiken für deren Interessen kämpften, dabei oft aber auch ihre eigenen verfolgten.

Die meisten dieser Heerführer haben die Wandelbarkeit des Glückes erfahren, haben den Gönner an den frühern Feind vertauscht, sind von dieser Partei zur gegnerischen übergetreten. So auch in hohem Grade Malatesta. Seinem Vorteile weichen alle anderen Rücksichten. Persönlich tapfer, ist er dennoch behutsam. Obwohl schlau und listig, ist auch er vor Betrug nicht gefeit. Seine Wandelungen auf erotischem Gebiete, seine Bethätigung zu Gunsten der Kunst und der Wissenschaft werden von Krieg und Politik nicht beeinflusst und gehen neben diesen einher.

Die Tochter Carmagnola's hatte vielleicht noch nicht ihre Thränen über Sigismondo's Wortbruch getrocknet, als am 22. Februar 1433 der Bischof von Rimini dessen Verlobung mit Ginevra d'Este, Tochter des Niccolò d'Este, Marchese von Ferrara, verkündete. Im folgenden Monate wurden die Ringe in dieser Stadt gewechselt; die Ehe aber wurde erst im Februar 1434 vollzogen. Sie war das Werk von Ginevra's Vater, welcher schon wiederholt als glücklicher Vermittler zwischen streitenden Staaten sich hervorgethan und daher den Namen des «grossen

Friedensstifters› erworben hatte. Aus dieser Ehe entspross 1437 ein Sohn, der im darauffolgenden Jahre starb. 1440 folgte ihm die Mutter ins Grab; wie es allgemein hiess, wäre sie vergiftet worden. Die Lösung der Bande mit dem Schwiegervater brachte Sigismondo um einen klugen Ratgeber.

Zu jener Zeit verbündeten sich Venedig, Florenz und der Papst, um der Übermacht Filipp Maria Visconti's in Mailand zu steuern. Condottiere der Verbündeten war Franz Sforza, welchem der Papst das Vicariat der Mark Ankona auf Lebenszeit hatte übertragen müssen. Unter seinem Befehl stand Sigismondo Malatesta. Visconti's Heerführer war Niccolo Piccinino (aus Perugia gebürtig), zu welchem der Herzog Guidantonio von Urbino sich hielt. Zwischen diesem und Malatesta bestand eine schon aus frühern Zeiten stammende Feindschaft. Es befanden sich daher in beiden Lagern Heerführer, deren eigener Länderbesitz sie in die Lage versetzte, auch auf ihre Privatinteressen bedacht zu sein; dies gab der Kriegführung bisweilen eine eigentümliche Wendung; so im gegenwärtigen Falle. Während nämlich seit 1439 Sforza und Malatesta sich mit den Truppen Visconti's in der Lombardei herumschlugen, detaschierte der Herzog von Urbino eine Abteilung in die Romagna, um Malatesta's Besitzungen zu überfallen. Anderseits wurde auch Sforza in seinen Besitzungen in der Mark Ankona bedroht, als Piccinino von Visconti beordert wurde, in die Gebiete des Papstes in Umbrien und in die an die Mark Ankona streifende Romagna einzufallen. Malatesta, den beiden Gegnern sich nicht gewachsen fühlend, fiel von der Liga ab und ging zum Gegner über. Auch Sforza, um sein Vicariat besorgt, wäre gerne seiner Verbindlichkeit enthoben worden, wurde aber von Venedig zurückgehalten. Da brachte er dem Herzoge von Mailand in zwei Schlachten solche Verluste bei, dass dieser den Piccinino wieder zu sich rief und sogar unter der Hand durch den grossen «paciere» Niccolò d'Este dem Sforza Friedensanträge machen liess, wobei er ihm die Hand seiner Tochter Bianca in Aussicht stellte. Sforza traute nicht und setzte den Krieg fort, er wurde aber seinerseits durch Piccinino so in die Enge getrieben, dass er erneuten Friedensvorschlägen des klugen Visconti Gehör schenkte. Mit dem Jahre 1441 erhielten die Völker für kurze Zeit Ruhe und Francesco Sforza wurde F. M. Visconti's Schwiegersohn und ein Jahr später, 1442, des tapfern Sigismondo Malatesta Schwiegervater, indem er ihm seine Tochter Polixenia zur Ehe gab. Es fiel auf, dass Sforza selbst den Hochzeitsfeierlichkeiten nicht beiwohnte, sondern erst acht Monate später auf seiner Durchreise in die Mark nach Rimini kam, wo er mit grossem Gepränge empfangen wurde. Madonna Bianca, die junge Schwiegermutter Malatesta's, ritt unter einem weissen Baldachin einher, begleitet von acht grün gekleideten Fräulein auf weissen Pferden. Zwei Tage lang währten die Feste.

Wie in den Sitten, so herrschte damals auch in der Kriegführung rohe Verwilderung. Zwar viel getötet wurde nicht immer, hingegen aus Rache oft grausam verfahren. Der gemeine Soldat, der Söldner, focht ohne Leidenschaft, ja benahm sich bisweilen dem Gegner gegenüber kameradschaftlich. Ihm war es meist um Beute und Plünderung des gefangenen oder besiegten Gegners zu thun. Undisciplin war sehr häufig. Die Kriegführung

begann gewöhnlich mit Verwüstung des feindlichen Gebietes und Zerstörung der Burgen. Da der Schwerpunkt
der Armeen in der Reiterei lag, so wurde grosses Gewicht auf das Einfangen der Pferde des geschlagenen
Feindes gelegt. Die Chronisten nennen ihre Zahl, selten
aber die der getöteten Feinde. Als 1402 Bentivoglio's
Truppen vor Bologna eine Niederlage erlitten, sollen von
6000 Pferden derselben 5000 eingefangen worden sein,
deren Reiter aber wohl die wenigsten getötet wurden.*)
Die Reiterei suchte man durch Hindernisse aufzuhalten;
ihre Bewegungen wurden durch den Mangel an Brücken,
mit deren Bau sie nicht vertraut war, und durch die
Schwierigkeit der Verpflegung erschwert. Unsäglich litt
durch sie das Landvolk. Da die Artillerie noch wenig
entwickelt war und oft bloss aus Bombarden bestand, so
war die Belagerung der Schlösser und Städte mit grossem
Zeitaufwand verbunden. Eine grosse Rolle spielten Verrat,
Bestechung und Intriguen. Die Stärke der Truppen-
körper war nach unsern heutigen Begriffen eine kleine.
Als Beispiel für die Stärkeverhältnisse der einzelnen Waffen
füge ich noch bei, dass im Jahre 1402 Giangaleazzo
Visconti in seinem Kriege gegen Giovanni Bentivoglio in
Bologna 12000 Berittene und 5000 Fusssoldaten ins Feld
führte, 1439 Florenz und Venedig 14000 Berittene und
8000 Fusssoldaten, 1441 Piccinino 8000 Berittene und
3000 Fusssoldaten. Es waren dies schon bedeutende
Zahlen. Einige hundert Berittene oder gar tausend fielen
oft schon sehr in Betracht.

---

*) Erst die für ihre Freiheit kämpfenden Schweizer brachten das
Fussvolk wieder zu hoher Geltung.

In Neapel sass nach Verjagung des vom Papste Clemens IV. zur Vertreibung der schwäbischen Kaiser zum Unheil Italiens herbeigerufenen Anjou, Alfons ‚von Aragon auf dem Throne. Diesem waren Sforza's Besitzungen in seinem Reiche ein Ärgernis. Er beschloss, sie an sich zu ziehen. Zu gleicher Zeit fand Papst Eugen IV. den Augenblick günstig, Sforza des ihm verliehenen Vicariats der Mark Ankona verlustig zu erklären. Zur Durchführung des Planes hatte Sforza's launenhafter Schwiegervater F. M. Visconti seinen Condottiere Niccolò Piccinino dem Papste überlassen. Sforza, obwohl ihm sein Schwiegersohn Malatesta Hilfe leistete, geriet in eine schwierige Lage, da seine Verbündeten, Florenz und Venedig, mit ihrer Hilfe säumten. Gelder, welche letzteres ihm durch den Schwiegersohn verabfolgen liess, behielt dieser für sich, indem er gewisse Ansprüche geltend machte. Ja, Sforza musste es sich gefallen lassen, anstatt die über Piccinino errungenen Vorteile verfolgen zu können, von Sigismondo in eine Unternehmung gegen Pésaro hineingezogen zu werden, das dessen Vetter Galeazzo Malatesta gehörte und nach welchem Sigismondo stets lüstern gewesen war. Seinen Versuch, es zu erwerben, vereitelte Federico von Urbino. Den bedrängten Sforza verleitete sogar sein Schwiegersohn zur Absendung eines mit der Handschrift Alfonso's gefälschten Briefes an Piccinino, um diesen zu täuschen. Inzwischen war F. M. Visconti's Tochter Bianca eines Knäbleins genesen, welches Ereignis den Sinn seines Grossvaters in Mailand erweichte und zu Gunsten des Schwiegersohnes Sforza wendete, dessen Feldherrngeschick durch die Ungunst der Verhältnisse in Schach gehalten wurde. Angeblich zu

einer Beratung in Mailand wurde nämlich Piccinino durch
den Herzog vom Heere abberufen. Da nun Sforza den
grossen Condottiere nicht mehr sich gegenüber hatte und
er zugleich auch Zuzüge aus Florenz und Venedig erhielt,
auch der Marchese von Ferrara ihn unterstützte, so gelang
es ihm, die Mark wieder zu erobern und gegen Ende 1444
den Papst zu einem Friedensschlusse zu bewegen, den
auch Florenz und Venedig wünschten.

Der Chronist Broglio, Sigismondo's Ratgeber und
Kanzlist, war ihm in diesen. Krieg gefolgt und ist des
Ruhmes voll über die von seinem Herrn bewiesene
Tapferkeit. Ein zweiter Alexander stürzte er sich in der
Schlacht von Monteluro 1443 in die Mitte der Feinde,
wobei er selbst verwundet wurde und mit eigener Hand
den Condottiere Giovanni da Caravaggio tötete. 2000
Pferde wurden damals erbeutet. Obschon die beiden
Brüder nicht miteinander überworfen waren, stritt Malatesta Novello auf des Gegners Seite, zum Papste und Alfonso sich haltend, damit nicht etwa, so erklärt es Tonini,
beide Brüder zugleich dem Schicksale unterlägen und
nötigenfalls der eine dem andern Rettung bringen könne.

Es kann nicht befremden, dass nach Sigismondo's
rücksichtslosem Benehmen gegen seinen Schwiegervater
eine Erkaltung zwischen Beiden Platz griff. Zum grossen
Ärger des erstern knüpfte Sforza ein freundschaftliches
Verhältnis mit Federico von Urbino an. Malatesta musste
es auf sich beruhen lassen; als aber Sforza's Bruder Alexander in ein verwandtschaftliches Verhältnis zu Federico
von Urbino trat und durch dessen Vermittlung die Gebiete von Pesaro und Fossombrone um 20,000 Gulden
von Galeazzo Malatesta erwarb, kam Malatesta's Zorn zum

Ausbruch. Sein Unmut wandte sich zunächst gegen den Herzog von Urbino, den er vergeblich zum Zweikampfe aufforderte. Dann suchte er an seinem Schwiegervater sich zu rächen, ihm die Mark zu entreissen. Zu solchem Zwecke konnte er zu jeder Zeit auf die Unterstützung des Papstes zählen. Auch den seinem Schwiegersohne Sforza stets misstrauenden Visconti bestimmte er zu einer gemeinsamen Unternehmung. Endlich hielt zu diesen auch Alfonso von Neapel. Dieser Übermacht gegenüber stand Sforza allein mit Urbino. Er zog auch anfangs den Kürzern. Allein so leichten Kaufes gab ein Sforza die Partie nicht auf. Er schaute sich nach Verbündeten um, und nun traten noch Florenz und Venedig auf den Plan. In diesem Kriege voll Wirren von 1445 bis 1447 bewies Malatesta wiederum, wie leicht er vom Einen zum Andern überging, je nachdem es ihm vorteilhaft schien. Er war übrigens nicht der Einzige. Stetig blieben in ihrer Parteinahme während dieser Kriege allein Visconti und der Papst in ihrer Feindschaft gegen Sforza.

So selbstsüchtig die Politik war, welche Sigismondo in diesem Kriege verfolgte, so ritterlich war laut Broglio einige Male sein Benehmen. So, obschon die Feindschaft zwischen ihm und Urbino eine chronische war, bewirtete er aufs ehrenvollste die Tochter des Herzogs auf ihrer Durchreise zum Marchese von Mantua, mit dessen Sohne sie verlobt war. Und als zu Ende 1446 Sforza seine Leute in die Winterquartiere entliess und der mit ihm verbündete Giovanni Manfredi, Herr zu Faënza, seinen Weg zur Heimreise über Rimini nahm, wurde ihm im Castell daselbst ein gastliches Quartier bereitet. Diese ritterliche Behandlung wurde Sigismondo von den Manfredi schlecht vergolten. Denn als er nach seinen Siegen über Alfonso, den Papst und Visconti auf des letztern Wunsch behufs einer Friedensvermittlung sich nach Mailand begeben hatte, geriet er auf der Rückreise, als er Faënza sich näherte, in einen von Astorre Manfredi ihm gelegten Hinterhalt. Vorsichtig hatte er sein kleines Gefolge vorausgeschickt. Kaum gethan, so hörte er den durch den Überfall entstandenen Tumult und sofort sprengte er mit seinem Pferde in einen Sumpf, wo er bis Einbruch der Nacht verborgen blieb. Nach vielen Mühsalen und Listen gelangte er in die sichere Lombardei.

Filipp Maria Visconti, der letzte seines Geschlechts, starb am 13. August 1447. Francesco Sforza, sein Schwiegersohn, war kurz vorher auf Verwendung Sigismondo's in seinen Dienst getreten und betrachtete sich nun als seinen Nachfolger und Erben. Dies wurde er jedoch erst nach dreijährigen Kämpfen, in welche Venedig, Florenz, Alfons von Neapel und die nach Wiedererlangung ihrer Freiheit dürstenden Mailänder verflochten wurden. Alfons, eifersüchtig auf Venedigs Länderzuwachs in der Lombardei, griff Florenz an, um dasselbe von dessen Bündnis mit Venedig abzuziehen und nahm Malatesta in seinen Sold. Schon hatte er den grössern Teil der Vertragssumme diesem Condottiere verabfolgt, als Florenz denselben für sich gewann. Von dem empfangenen Solde erstattete Malatesta nichts zurück. Schwer rächte sich's an ihm. Alfonso verzieh es ihm nie. Dass er diesen Gegner den Florentinern vom Halse schaffte, dass er alsdann als Heerführer im Dienste Venedigs sich glänzend hervorthat und nach Beendigung des Krieges vom Papste Niclaus

in seinem umfangreichen Besitze bestätigt und in Rom
ausgezeichnet wurde, machte ihn Alfonso nur verhasster.
Auf dessen Betreiben wurde er, nachdem er thörichter-
weise die ihm durch Vermittlung seines treuen Broglio
dargebotene Gelegenheit eines Vergleichs ausgeschlagen
hatte, von dem Frieden ausgeschlossen, welcher nach dem
Kriege von 1452 bis 1454 zwischen Alfonso, Venedig
und einigen kleinern Potentaten, welche Mailands Übermacht fürchteten, einerseits, und Sforza, Florenz, Genua
und Mantua anderseits, zu Stande kam. Seine besondere
Zuneigung zu Florenz und dessen Staatslenker scheint auf
dem gemeinsamen Interesse für Wissenschaft und Kunst
beruht zu haben. In einem Briefe vom 5. August 1452
an jene Republik schreibt er, dass «wiewohl die Bezahlung
seine Bedürfnisse nicht decke, er darüber hinweg gehe,
sowohl aus Liebe zu jenem Gemeinwesen als aus Begierde
den gemeinsamen Feind zu bekämpfen. Im April 1453
war ein neuer Vertrag stipuliert worden, der ihn besser
zufrieden gestellt zu haben scheint. Das ausführliche und
sehr präzis lautende Aktenstück, in Tonini's Appendix
enthalten, sieht verschiedene Eventualitäten vor, so namentlich einen etwaigen Angriff von Seite Urbino's auf Sigismondo's Besitz.

Dieser war damals auf dem Gipfel seiner Macht.
Dass ihm aber sein Schwiegervater Sforza nicht sonder-
lich gewogen sein konnte, obgleich auch diesem politische
Rücksichten allen übrigen vorangingen, mag man wohl
glauben, nachdem Sigismondo im Jahre 1449 die Fa-
milienbande durch Erwürgung seiner Gemahlin Polixenia
zerrissen hatte. Wir werden später sehen, dass sie ihm
doch kaum unbequem konnte gewesen sein.

Verhängnisvoll wie der Bruch mit Alfonso von Neapel und die nie aufhörenden Zerwürfnisse mit Urbino, war für Sigismondo auch der Papstwechsel. 1455 starb sein Gönner Niclaus V.; dessen Nachfolger, Calixtus III. (Alfonso Borgia), war ein Freund des Bischofs Enea Piccolomini von Siena, und wurde von diesem gegen Malatesta aufgestachelt. Als dieser nämlich 1455 in den Dienst Siena's getreten war und die Stadt ihn ehren wollte, liess sie ihm durch einen gewissen Goro Lolli, welcher Doctor, Poet und zugleich Neffe des Bischofs war, ein prachtvoll geschirrtes Pferd als Geschenk überbringen. Wie üblich erwartete der Überbringer eine dem Geschenk entsprechende Belohnung. Statt dessen wurde er vom Empfänger mit leeren Händen entlassen. «Oh verfluchter Geiz, wie viel des Übels hast du meinem erlauchten Herrn schon bereitet!» ruft bei diesem Anlasse sein Vertrauter Broglio in seinen Aufzeichnungen aus. Von nun an wurde dieser Goro ein erbitterter Feind Sigismondo's, und durch ihn wurde es auch sein Oheim, der spätere Papst Pius II. Vergeblich trachtete Sigismondo, sich diesen wieder geneigt zu machen. Er vermochte es nicht zu hindern, dass der Papst eine Unternehmung gegen ihn ins Werk setzte, zu welcher Urbino, Pesaro und Neapel ihm Beistand leisteten. Gegen jene rief Malatesta den Prätendenten von Anjou und Jacob Piccinino zu Hilfe. Es gelang ihm 1461 das päpstliche Heer zu vernichten. Da steigerte sich der Unwille des Papstes zum Zorn. Auch jetzt wieder, über die möglichen Folgen seines Sieges und den prekären Wert seiner Verbündeten sich nicht täuschend, suchte Sigismondo eine Annäherung an den Papst, jedoch vergeblich. Dieser excommunicierte ihn und machte seine Vergehen aller Welt bekannt; er klagte ihn des Mordes seiner zwei Frauen an, und desjenigen einer schönen deutschen Dame von Borbona, welcher er auf ihrer Reise nach Rom begegnet war, sowie auch der durch seinen Tempelbau begangenen Sacrilegien. Überdies liess er ihn öffentlich in effigie in Rom verbrennen, wozu er zwei ihm ähnliche Bildnisse aus Holz hatte machen lassen, und erklärte ihn aller seiner Besitzungen verlustig. In seinen Commentarien verdächtigt ihn der Papst sogar, in seinem fünfzehnten Jahre seinen ältern Bruder Galeotto vergiftet zu haben.

Sigismondo's Befürchtungen waren begründet. Er sah sich bald auf sich allein beschränkt und unterlag 1462 den vereinigten Truppen des Papstes, Ferdinands von Neapel und Federico's von Urbino. Ihm und dem Bruder in Cesena verblieben nur noch vier Städte. Von da an ist des unersättlichen Sigismondo Malatesta Glück in raschem Niedergange begriffen.

Nicht wie man glauben könnte, im Kriege allein, hatte sich Sigismondo Malatesta während dieser bewegten Zeit rühmlich hervorgethan. Die Künste des Friedens liessen ihn nicht gleichgültig. Auf diesem Gebiete hat er sich Verdienste erworben, die ihm zu dauerndem Ruhme gereichen. Er und sein Architekt Leon Battista Alberti aus Florenz haben im Tempio Malatestiano, der heutigen Kathedrale S. Francesco, der Nachwelt ein herrliches Bauwerk hinterlassen. Dieser Dom ist einer der eigentümlichsten der ganzen Christenheit. Ursprünglich eine gotische Kirche aus dem 13. Jahrhundert, welche Sigismondo aus Pietät für seine Vorfahren nicht niederreissen wollte, wurde er, was sein Äusseres und die innere Aus-

Seitenansicht des Tempio Malatestiano in Rimini.

schmückung betrifft, zu einem Bau im Stil der Früh-
renaissance umgewandelt. Die Fassade wurde neu gebaut und um das Übrige eine Hülle im neuen Stil auf-
geführt. Alberti, ein Freund und gelehrter Kenner des
klassischen Altertums, hatte in Rimini den Augustusbogen
am Eingange in die Stadt gesehen. Er benützte ihn für
die Fassade, wie man bei der Vergleichung der hier mit-
geteilten Bilder sofort sehen wird. Ebenso glücklich ist
er in der geschmackvollen Anlage der das gotische Gemäuer der Langseiten einfassenden Bogenhallen gewesen.
Ihr ganzer Schmuck besteht in den schönen Verhältnissen
und den Sarkophagen, in denen die Gebeine der Freunde
Malatesta's ruhen. Das Innere des Gebäudes ist so sehr
mit Bildhauerschmuck aller Art im Renaissance-Stil ausge-
füllt, dass man die gotischen Fenster der Seitenkapellen
beinahe übersieht. Unter den vielen zum Teil sehr flachen
Basreliefs, welche die Wände bedecken, würde man vergebens biblische Motive suchen. Allegorische Figuren,
Sibyllen, die Musen vertreten ihre Stelle. Zwei Wappenschilde, besonders das Eingangs erwähnte mit dem Monogramme J S, mit Laubgewinden abwechselnd, sind es,
welche auch hier in allen möglichen Varianten einen
integrierenden Teil der Ornamentik bilden. In jenem
unzählige Male wiederkehrenden Monogramme hat Sigismondo Malatesta seine mit Verehrung verbundene Liebe
zu Isotta degli Atti bezeugt, der geistreichen und klugen
Tochter des einem adeligen Geschlechte entstammenden
Francesco degli Atti. Schon in seiner Jugend, als sie
seine Nachbarin war, hatte er ihr seine Neigung in
schmachtenden Gedichten kund gethan, eine Neigung,
welche der unbändige Mann ihr bis zu seinem Tode

bewahrt hat. Einige jener Gedichte sind noch vorhanden; sie verraten seine Ungeduld, schliessen derb, und zeigen, dass der Sieg ihm nicht leicht gemacht wurde. Durch Anrufung der ganzen Götterwelt und der Himmelsgestirne sucht er die Spröde zu erweichen und der väterlichen Zucht abtrünnig zu machen. Die Hindernisse hielten vor dem Mächtigen nicht Stand. Wie sehr seine Liebe und Verehrung keine Grenzen kannten, bezeugen die Medaillen, welche er noch zu Lebzeiten seiner zweiten Gemahlin Polissena Sforza im Jahre 1446, ein Jahr vor Beginn des Tempelbaues, Isotta zu Ehren durch den Veroneser Matteo da Patti schlagen liess. Sie zeigen ihr Bildnis und ihren Namen. Eine derselben ziert die Umschrift:

„*Isotae ariminensi forma et*
„*virtute Italiae decori.*"

(Isotta von Rimini, der durch ihre Schönheit und ihre Tugenden Italien zur Zierde Gereichenden.)

Aus einem Wandpfeiler im Tempio Malatestiano in Rimini.

Zugleich mit Isotta wollte der Herrscher auch ihre Familie auszeichnen und ehren. Zu diesem Zwecke, sagt

Tonini, gab ihm sein Herz ein, im Frühjahre 1448 ein grosses Fest zu veranstalten, wobei in Anwesenheit aller Einwohner und des Hofes Isotta's Bruder Antonio zum Ritter geschlagen wurde. Der Chronist erzählt, wie der Herzog von Urbino ihm die Sporen anschnallte, ein anderer hoher Herr ihn mit dem Schwerte umgürtete, und Sigismondo ihm den Backenstreich gab und die Eidesformel las, worauf er ihm fünf seidene Gewänder schenkte, worunter drei mit Goldbrokat, drei Stücke Sammet, ein silbernes Becken, eines von Erz, silberne Tassen und Schüsseln. Dann belehnte er ihn mit den Schlössern von Razano und endlich liess ihm seine «magnifica sorella Madonna Isotta» zweihundert Golddukaten in einer Tasse überreichen.

Um Isotta's Vater zu ehren, schenkte ihr Sigismondo durch notarialischen Akt vom 12. Januar 1450 nach dessen Tode «tamquam benemeritae filiae quondam nobilis viri Francisci de Actis» (als der um den seligen Vater sich verdient gemachten Tochter) Kleinodien und kostbare Kleider im Werte von fünftausend Golddukaten.

Zur eigenen Verherrlichung hat sich Sigismondo den Marmor gewählt. Längere griechische Inschriften am Äussern des Tempels rühmen den in keiner Schlacht Besiegten. Sein Name, als derjenige des Erbauers, vertritt die Stelle von Bogenverzierungen. Auf den Gewandsäumen zweier Musen liest man die Inschriften «Jupiter ariminaeus» und «Apollo ariminaeus», welche als auf Sigismondo sich beziehend gedeutet werden können. Eine Kapelle birgt seinen Sarkophag; eine andere denjenigen Isotta's mit der Inschrift «D. (divae) Isottae sacrum» (Isotta, der Göttlichen, d. i. mit göttlicher Natur Begabten, geweiht), eine Inschrift, welche ihm später Papst Pius II. nebst der ganzen übrigen heidnischen Ausstattung der Kirche als Gotteslästerung anrechnete. Die Wappenschilde der Malatesta mit dem Schachbrett zählt man zu Hunderten, auch das Emblem der Malatesta, ein Elefant, kehrt häufig wieder. Zwei dieser Tiere aus schwarzem Marmor bilden eine prächtige Unterlage zu Pilastern. Sigismondo's charaktervollen Kopf endlich sehen wir in verschiedenen Grössen abgebildet.

Dies alles lässt das Gotteshaus nichts weniger als ein solches, sondern als eine der Apotheose Sigismondo's und Isotta's geweihte Stätte erscheinen.

Den grossen Bedarf an Marmor lieferten die Brüche in Istrien nicht allein, sondern auch die Grabdenkmäler des nahen Gottesackers, wie aus stehen gebliebenen Inschriften noch erkenntlich ist, die römischen Hafenbauten und Altertümer, die nächsten der griechischen Inseln und endlich die Basilica S. Apollinare in Classe bei Ravenna, deren marmorne Wandbekleidung mit Zustimmung des Senates in Venedig, wie schon erwähnt, verkauft wurde. Mit vielem Geschmacke ist hie und da auch roter Veroneser Marmor und Vergoldung verwendet worden. Der künstlerische Wert der Bildhauerarbeit ist ein sehr verschiedener. Man weiss, dass neben Anderen, wie dem Florentiner Bernardo Ciuffagni auch dessen erst in neuerer Zeit bekannter gewordener Landsmann Agostino di Duccio (1418—1498) dabei beteiligt gewesen ist. Von ihm stammen offenbar einige Basreliefs her, welche grosse Ähnlichkeit mit denjenigen am berühmten Oratorio di S. Bernardino in Perugia zeigen.

Der Architekt L. B. Alberti, dieses vielseitig begabte Genie, wenig selbst in Rimini anwesend, übertrug die Bauleitung dem Veroneser Architekten, Maler und Medailleur Matteo da Pasti. Von dem Briefwechsel zwischen ihnen, Sigismondo und Andern, welche mit dem Bau zu thun hatten, ist noch vieles erhalten. Es geht daraus hervor, dass manches erst nach der Einweihung des Domes im Jahre 1450 gebaut wurde. Als der Stern Sigismondo's sank, geriet dieser in Geldnot, wodurch der Bau verzögert wurde; noch 1461 mussten die grössten Anstrengungen gemacht werden, um ihn weiter zu führen. Heute würde die Vollendung des grossartig angelegten Gebäudes, welches eine Kuppel krönen sollte, die Kräfte der Stadt Rimini übersteigen. Möge sie wenigstens darauf bedacht sein, das Vorhandene pietätvoll zu unterhalten.

Wenn dieser Tempio Malatestiano in mir einen ausserordentlich nachhaltigen Eindruck zurückgelassen hat, so
erkenne ich die Ursache davon nicht nur in der damit
eng verknüpften Geschichte des Erbauers, sondern auch
in der edeln Einfachheit und der Einheitlichkeit seines
Frührenaissancestils. Diese haben mir trotz der Nicht-
vollendung des Baues so imponiert, dass ich darüber,
was das Äussere, die Fassaden namentlich betrifft, an
andern italienischen, früher von mir bewunderten Domen,
wie z. B. denjenigen von Siena und Orvieto, irre wurde.
Habe ich vor drei Jahren für die s. g. italienische Gotik
jener Dome eine Lanze brechen wollen, so könnte ich
es heute nicht mehr. Die Italiener sind stets so sehr
unter dem Eindruck des antikrömischen Baustils geblieben,
dass mir scheint, als hätten sie mit Ausnahme der Dome
von Mailand und Assisi keine rein gotische Kirche hergestellt. Die Prinzipien beider Stile, hier das Streben in
die Höhe, dort, beim römischen und der Renaissance, die
behagliche Horizontale, lassen sich eben nicht vereinigen.
Als man in Italien dem Zeitgeschmacke, der in Deutschland und Frankreich zu voller Blüte sich entfaltenden
Gotik, huldigen wollte, glaubte man, so kommt es mir
vor, mit einigen Spitzgiebeln, Fialen und gotischen Fenstern
auf der Langseite den Anforderungen dieser Bauart zu
genügen. Wie wenig dies der Fall gewesen ist, erkennt
man deutlich an Photographien von mässiger Grösse.
Auf diesen verliert der sonst so bestrickende Skulptur-
schmuck an Wirkung, desto auffallender aber treten die
gotischen Elemente hervor, welche zu den vorherrschend
romanischen durchaus unmotiviert und unpassend erscheinen. So z. B. die Spitzgiebel über den rundbogigen Portalen

Pfeiler aus weissem Marmor mit Sigismondo's Bild; Postament aus schwarzem Marmor mit den Elefanten, dem Emblem der Malatesta. Aus dem Innern des Tempio Malatestiano.

der Dome in Orvieto und Siena, ohne welche die Fassaden dieser Kirchen im wesentlichen dem Stile der Renaissance entsprechen würden. Durchaus ungotisch ist auch die Relegierung des Glockengeläutes ausserhalb des Gotteshauses mittelst eines abgesonderten Campanile, wozu man sich infolge der vielen horizontalen Bauteile in der Fassade genötigt sah. Mögen wir auch die Schöpfungen der italienischen Gotik mit Wohlgefallen betrachten, so werden wir doch dabei empfinden, dass sie jener «Musica» entbehren, mit welchem Wort der grosse Alberti die wohlthuende Harmonie aller Teile eines Baues unter sich bezeichnet hat, und welche beim Betrachten des Tempio · Malatestiano im höchsten Grade angenehm auf mich wirkte.

Nach dieser Abschweifung, zu welcher mich Sigismondo Malatesta's Wandelungen auf erotischem und künstlerischem Gebiete veranlasst haben, nehme ich den Faden seiner Geschichte da wieder auf, wo wir ihn im Jahre 1462 durch einen unglücklich gegen die Übermacht geführten Krieg auf ein kleines Gebiet beschränkt gesehen haben. Es war dies das Jahr, in welchem am 30. Juni die Gemahlin Polixenia erwürgt wurde. Einer Legitimierung des Verhältnisses des Witwers zu Isotta stand nun nichts mehr im Wege. Wie sehr diese eine solche anstrebte, liest man in zwei höchst interessanten Briefen Isotta's, die sich im Archiv zu Siena befinden und deren Veröffentlichung, und zwar in photographischer Wiedergabe, Ch. Iriarte zu verdanken ist.*) Diktiert hat sie

---

*) Weiteres über Isotta, den Tempio Malatestiano, den Umgang Malatesta's mit Künstlern und Gelehrten findet sich in dem schönen

wohl Isotta, wenigstens den längeren Brief, geschrieben aber wurden sie von einer Vertrauten, wie das kürzere Schreiben vermuten lässt. Die Briefe wurden von den Sienesen aufgefangen, als Sigismondo im Jahre 1454, damals im Dienste ihrer Stadt stehend, sie im Stiche zu lassen sich anschickte und sich mit Zurücklassung seines Gepäckes eilig davon machte. Es war dies auch eine der Ursachen zum Grolle Pius II.

Die Briefe sind in einem herzlichen und dabei demütigen Tone geschrieben. Wohl hält sich Isotta von den ihr in Sigismondo's letztem Briefe ausgedrückten Liebesbeteuerungen überzeugt, aber um sie völlig wahr zu machen, bittet sie ihn, jener Sache Folge zu geben, welche ihr keine Ruhe lasse («che sempre me tiene arrabiata») . . . . . und die wirkliche Heirat bald zu vollziehen. Er möge es ihr nicht entgelten, wenn sie sich im letzten Briefe zu lebhaft ausgedrückt habe, und sie seine Briefe nicht entbehren lassen, sondern mit ihr, der Armen (poverella), Erbarmen haben, denn jene seien ihr einziger Ersatz für seine Abwesenheit. An dem Pferdchen habe ihr Malatesta grosse Freude gehabt. Ihre andern (i nostri) Buben und Mädchen befänden sich wohl u. s. w.*)

1882 in Paris erschienenen Quartband «Rimini» von Charles Iriarte, dem unermüdlichen Forscher und eleganten Schriftsteller. Auch er hat Tonini viel benützt.

*) Auch die Kinder der andern Mütter scheinen der Obhut Isotta's anvertraut gewesen zu sein. Von bekannten Müttern abstammend erwähnt Tonini ausser dem unten folgenden Robert noch einen Pandolfo und eine Lucrezia (wurde 1453 legitimiert und heiratete Alfonso d'Este), deren Mutter eine Gentile des Ser Giovanni

Aus dem zweiten Briefe geht hervor, dass Isotta Anlass zu Eifersucht gehabt hatte. Sie musste sich noch
zwei Jahre gedulden. Im Jahre 1456 wurde sie Sigismondo's rechtmässige Gemahlin, als welche sie ihm noch
eine Tochter Antonia schenkte, welche 1481 die Gattin
des Marchese Lodovico von Mantua wurde. Den aus
ihrer Verbindung früher entsprossenen Sohn Sallustio hatte
der Vater 1450 legitimieren lassen, zugleich mit dem 1442
geborenen Roberto (il magnifico), dessen Mutter eine
Vannetta Galiotti de Tuchsis gewesen war.*)
Isotta's geistige Vorzüge sind es gewesen, welche
den unstäten Malatesta an sie gefesselt haben. Denn
trotz dem in den Gedichten ihrer Schönheit gestreuten
Weihrauch war sie nicht schön zu nennen. Die Berichte

da Bologna war. Unbekannter mütterlicher Abstammung werden genannt: ein Giovanni, für welchen Sigismondo, um sich dem Conte
Giacomo Piccinino geneigt zu machen, eine Tochter desselben zur
Frau begehrte — eine Alessandra, welche er in seiner Not vergebens
dem Papst Pius II. für irgend einen seiner Neffen zur Frau anbot
und die später einen Tingoli von Rimini heiratete — der tapfere
Valerio, 1453 legitimiert, welchem Sallustio und Isotta sehr gewogen
waren — ein dem geistlichen Stande bestimmter Galeotto — eine
Contessina, an Cristoforo Nardini von Fano verheiratet — und endlich Margarita, 1453 legitimiert, später die Frau des Condottiere Carlo de'
Fortebracci Conte di Montone. Des früh verstorbenen Söhnchens
der Ginevra d'Este und ebenso desjenigen, später verschollenen, der
Polissena ist früher gedacht worden. Rechnet man (laut Tonini)
noch deren Tochter Giovanna hinzu, so können dem Sigismondo 14
Kinder nachgewiesen werden.
*) Über diese und andere Legitimationen enthält der Separat-
band zu Tonini's Band V die sehr würdig und wahrhaft christlich
abgefassten päpstlichen Bullen. Wo die Mutter genannt wird, was
nur bei edler Abstammung der Fall zu sein scheint, heisst sie immer
«dilecta in Christo filia».

der Zeitgenossen und die Medaillen, deren sieben verschiedene Gepräge vorhanden sind, bezeugen es. Noch
ungünstiger für Isotta's Schönheit erweist sich ihre von
Mino da Fiesole (1400—1486) ausgeführte Marmorbüste
im Campo Santo zu Pisa. Die hier beigefügte Kopie
derselben verdanke ich einer Bleistiftskizze meines Freundes
Poggi in Genf. Es sind die Züge der geprüften Isotta
Malatesta, nicht mehr die der jugendlichen Isotta degli

Isotta Malatesta als Witwe.

Atti, wie wir sie auf der Medaille sehen. Man kann sich
denken, wie manches die Geliebte, später die dritte Gemahlin, von dem leidenschaftlichen Despoten sich hat
müssen gefallen lassen. Aber ihr Verstand liess sie das
Sprüchlein beherzigen, welches sich, von der Hand meines
Grossvaters geschrieben, in einem seiner Bücher vorfindet:

«Buck Dich, und lass vorübergan,
«Das Wetter will sein Willen han.»

Isotta sollte Sigismondo bald eine Stütze werden; 1462 auf ein enges Gebiet beschränkt, sann er auf Rache. Als er auf keine Hilfe von seinen frühern Freunden hoffen konnte, übergab er das Regiment Isotta und dem Sohne Sallustio und setzte nach Ragusa hinüber, um von da, was zwar Tonini bestreitet, nach Konstantinopel zu reisen und daselbst bei Mahomet II. Unterstützung zu suchen. Sei dem wie ihm wolle, er kehrte von Ragusa nach Rimini zurück, welches Federico von Urbino hart bedrängte. Die Not zwang ihn zu dem demütigen Schritte, seinen Feind, den Papst, um dessen Vermittlung anzurufen. Dieser, anfänglich für alle Bitten taub, liess sich erst infolge der Vorstellungen Venedigs, Sforza's, des Cosmo de Medici und Frankreichs herbei, von der völligen Vernichtung Malatesta's abzustehen, indem er ihm zwar Rimini auf Lebenszeit als Lehen liess, das Gebiet jedoch auf drei Meilen in der Runde um die Stadt beschränkte. Die früher gegen Sigismondo ergangenen Verdammungsurteile hob er, nachdem derselbe seine Hæresien abgeschworen hatte, auf. Dies geschah durch einen Friedensakt vom 8. Oktober 1464.

Der so tief gefallene Condottiere suchte sich wieder aufzuraffen. Er begab sich in den Sold Venedigs, welches damals in Morea durch die Türken hart bedrängt wurde. Mit 3000 Reitern und 5000 Fusssoldaten setzte er übers Meer und kämpfte über ein Jahr lang heroisch gegen Übermacht, Entbehrungen und Krankheit. Das Gerücht seines Todes wurde zur Gefahr für das wenige ihm in Italien Gebliebene. Er kehrte daher nach Ablauf seines Vertrages mit Venedig und von diesem ehrenvoll entlassen nach Rimini zurück, wo er am 23. April 1466

7

sein noch vorhandenes Testament machte, in welchem
er Isotta und ihren Sohn Sallustio zu Erben einsetzte.
Der Papst, nun Paul II., von ihm über seine Rückkehr
in Kenntnis gesetzt, erbat sich seinen Besuch in Rom.
Durch glänzenden Empfang sollte Sigismondo später für
die Absichten Pauls gewonnen werden, welche dieser ihm
einstweilen noch vorenthielt. Dem Papste waren nämlich
die venetianische Besatzung in Rimini, welche zum Schutze
Isotta's auf ihres Gemahls Veranlassung dorthin verlegt
worden war, und auch das Vikariat desselben ein Dorn
im Auge. Ahnungslos und befriedigt war Sigismondo
nach Hause zurückgekehrt, als sein Schwiegersohn Giulio
da Camerino im Auftrage des Papstes vor ihm erschien,
um ihn zur Aufgabe des Vikariates von Rimini gegen
Empfang desjenigen von Foligno und Spoleto zu über-
reden. Sigismondo's Entrüstung kannte keine Grenzen.
Die Antwort werde er selbst dem Papste überbringen,
liess er diesem durch den Boten sagen. An jenem Tage
nahm er weder Speise noch Trank mehr zu sich. In
der Nacht reifte sein Entschluss, an dem treulosen Papste
sich zu rächen, ihn beim Fussfalle zu erdolchen. In
klassischer Rede beschreibt der treue Broglio,*) der vor
seines Herrn Thüre dessen Worten lauschte und sein
Toben hörte, seine Zornausbrüche und den Widerstreit
der ihn bewegenden Gedanken, bis schliesslich der Ent-

---

*) Gaspare Broglio, gewandt mit der Feder wie mit dem
Schwerte, hatte in Siena studiert, trat dann zuerst in venetianische
und 1443 in Sigismondo's Dienste. Er ist der Verfasser einer zeitge-
nössischen Chronik, welche in der Bibliothek Gambalunga in Rimini
aufbewahrt ist. Er erzählt, wie sein Herr gelegentlich gegen ihn auf-
wallen konnte und bald darauf ihn zu begütigen suchte.

schluss, seine sowie seiner Ahnen Ehre zu wahren, über alle übrigen Rücksichten siegte. Mit bewaffnetem Gefolge, seine drei besten Pferde mit sich führend, brach er nach Rom auf. Den Dolch unter dem schwarzen Sammetwams verborgen haltend, liess er den Papst um eine Audienz ersuchen. Dieser hatte Verdacht geschöpft und liess sich an jenem Morgen entschuldigen, zeigte sich aber zu einer Zusammenkunft am folgenden Tage bereit. Unmutig kehrte Sigismondo in sein Gemach zurück. Dasselbe auf und ab schreitend, ohne Nahrung verbleibend, erwartete er den folgenden Tag. «Wir alle seine Diener», schreibt Broglio, «waren sehr um unsern Herrn besorgt; aber keiner wagte es, ihn um seine Bekümmernisse zu fragen. Am andern Morgen ging man in gleicher Weise wieder an den Hof, wo wir andern wie gewohnt in der Halle stehen blieben, während unser Gebieter den Herren in den Vorzimmern sich beigesellte und abermals um eine Audienz bitten liess. Sigismondo, als er vorgelassen wurde, fand den Papst von sieben seiner vertrautesten Kardinäle umgeben. Vor Wut zitternd, da er sofort die Unausführbarkeit seines Vorhabens einsah, warf er sich dennoch dem Papste zu Füssen und suchte mit demütigen Worten ihn sich günstig zu stimmen; er erinnerte ihn an seine Verdienste um den heiligen Stuhl und bat ihn zu bedenken, welche Schmach es für ihn wäre, wenn er die Stätte verlassen müsste, wo die Gebeine seiner Vorfahren ruhten. Er flehte den Papst an, ihm auf eine andere Weise seine Gewogenheit zu erzeigen. Jener entliess ihn mit der Versicherung, dass er wegen Rimini's ihn nicht mehr beunruhigen werde, sich aber weitere Beschlüsse vorbehalte.»

Mehr konnte Sigismondo nicht erreichen, sodass er sich unbefriedigt verabschiedete. Erst abends vermochte sein Kämmerer, Nicolò di Benzo, den er hatte zu sich rufen lassen und dem er sich erschloss, ihn zu besänftigen und zu bewegen, etwas Speise zu sich zu nehmen. Dem Papste lag daran, dass Sigismondo nicht wieder in den Sold Venedigs träte. Zu diesem Zwecke liess er ihm zehntausend Dukaten verabfolgen. Wiederum 1468 begab sich Sigismondo nach Rom, um sich dem Papste zur Verfügung zu stellen, als dieser angesichts der von den Türken drohenden Gefahr sich um das Zustandebringen eines die ganze Christenheit umfassenden Friedens bemühte. Er schloss mit dem Papste einen Vertrag ab und kehrte krank nach Rimini zurück, wo er am 16. August seinem Testamente noch ein Kodizill beifügte und am 19. Oktober, 51 Jahre alt, starb, «confessus et contritus» fügt Broglio bei.

Über Sigismondo sagt dieser Augenzeuge, nachdem er dessen kriegerische Seite rühmend besprochen hat: «Unter hundert Männern zog er vor allen immer die «Aufmerksamkeit auf sich. Wild und stramm war sein «Aussehen. Grausam war er gegen Feinde, über mittel- «gross von Statur, ein zweiter Cicero in der Rede, viel «wissend, von gesundem Verstande.» Muratori, welchem Tonini Parteilichkeit für die vom Glücke Begünstigten vorwirft, sieht an ihm nur Hochmut, Wollust, Betrug, Grausamkeit und Ketzerei. Muratori hat dies an 250 Jahre nach Sigismondo's Tod geschrieben, während Pius II., Sigismondo's Zeitgenosse und bitterer Feind, in seinen Commentarien gesagt hat: «Sigismondo Malatesta besass «in hohem Grade geistige sowohl wie körperliche Kraft

«und Ausdauer, war mit Beredsamkeit begabt, in der
«Kriegskunst erfahren, kannte die Geschichte und ver-
«suchte sich auch in der Philosophie. Geboren schien er
«zu jeglicher Sache, welche er unternahm.»*) Sismondi
entwirft von ihm auf zwei Seiten seines Bandes VII ·
(histoire des républiques italiennes au moyen âge) ein
allseitiges und meiner Meinung nach gerechtes Bild.

Tonini, nicht ohne eine kleine Schwäche für seinen
Landsmann, erkennt die Ursache seines Unglückes in
seinem aus Ländergier entspringendem Mangel an politischem Takte, den seine Feinde ausbeuteten. Als eine
weitere Ursache wird der Leser aus meiner zwar sehr
kurzen Skizze seine Habsucht herausgefunden haben.

Das Urteil über den seltsamen Mann zu vervoll-
ständigen, bleibt mir noch übrig seine Beziehungen zu
Wissenschaft und Litteratur zu berühren. Die Lust zu
diesen war, wie gesagt, im Hause des Vaters und Onkels
in ihm geweckt worden. Dieselbe erhielt Nahrung durch
den Verkehr mit Florenz, Venedig, den Hof in Ferrara
und durch das Beispiel, welches Andere, wie z. B. Alfons
von Aragon in Neapel und Federico II. im nahen Urbino
gaben. Zur Begeisterung gesellte sich wohl auch etwas
Ruhmsucht und Sammeleifer, so, als er 1465 die Gebeine
des 1451 verstorbenen griechischen Philosophen Gemistos
Pletho, s. Z. Lehrer des Kardinals Bessarione, aus Morea

---

*) «Aber», sagen die Commentarien weiter, «die bösen Neigungen
«hatten die Oberhand. Er bedrückte die Armen, beraubte die Ver-
«möglichen, schonte weder Witwen noch Waisen, niemand war vor
«ihm sicher. Reichtum und Schönheit waren von · Nachstellungen
«bedroht. Die Priester hasste er, er glaubte an keine Ewigkeit und
«die Unsterblichkeit der Seele verläugnete er» u. s. w.

mitnahm, um sie in einem der Sarkophage des Tempio Malatestiano beizusetzen.

Dass das geistige Leben am Hofe zu Rimini trotz der häufigen politischen Störungen ein sehr reges war, wird sowohl von den Zeitgenossen als auch durch noch vorhandene litterarische Denkmale bezeugt. Ähnliche Erscheinungen sind auch anderwärts in Italien nachzuweisen.

Die Regsamkeit der Geister war nach den erfolgreichen Kämpfen der Städte gegen die Übergriffe des Feudaladels und benachbarter Machthaber, namentlich aber gegen den ihre Unabhängigkeit bedrohenden Friedrich Barbarossa, eine allseitige geworden. Für ihre Sicherheit und Wohlfahrt waren die Bürger auf ihre eigene Kraft angewiesen worden. Die das Selbstgefühl hebende Selbstregierung hatte ein Erwachen aller im Menschen schlummernden Anlagen hervorgerufen, welches sich in allem kund gab, und zwar in allem mit gleicher Intensität. Diesen Aufschwung vermochten sogar die bald aus blossem Neid, bald aus bürgerlichen oder politischen Parteiungen entstehenden oft blutigen Zwiste nicht zu dämpfen. So sehen wir im 13. und 14. Jahrhundert die Heroen der schönen Künste, einen Niccola Pisano († 1275) seinen Meissel handhaben, einen Arnolfo di Cambio († 1300) seine Baupläne zu Sta. Croce und Sta. Maria del Fiore zeichnen, einen Giotto († 1336) seinen Pinsel führen, als befände man sich im tiefsten Frieden. So walten auch die Obrigkeiten dieser vielen sowohl kleinern als grössern Republiken unentwegt ihres Amtes; dies bezeugen noch heute die herrlichen Dome, die prachtvollen Stadthäuser, die geräumigen Spitäler

und die Segen spendenden Wasserbauten. Aus dichtem
Kampfesgewühl leuchtet der Stern des Meisters der
Sprache, Dante's († 1321), hervor. Es ist als ob gerade
das Unglück ihn zu seinem Werke gestählt hätte. Petrarca
(† 1374) und Boccaccio († 1375) teilen mit ihm den
Ruhm, der Nation zur Sicherung ihres unvergänglichsten
Gutes verholfen zu haben. Wie sehr der Wert idealer
Güter trotz der Gebrechen jener Zeiten und Menschen
erkannt wurde, geht aus der damaligen Zeitgeschichte
hervor. Das Verlangen danach beherrschte Diejenigen,
welche in der Lage waren es zu befriedigen und von
dem Geiste berührt wurden, welcher jenes Zeitalter zu
demjenigen der Renaissance gestempelt hat.

Sigismondo Malatesta in Rimini und sein Bruder
Malatesta Novello in Cesena, von diesem Geiste nicht
unberührt gelassen, sind getreue Hüter und Mehrer des
ihnen hinterlassenen wissenschaftlichen Erbes gewesen.
Auch Novello sammelte alte lateinische und griechische
Manuskripte oder liess sie abschreiben und bereicherte
damit die von seinem verstorbenen Bruder Galeotto «pro
pauperibus studentibus» gegründete Bibliothek in Rimini,
heute die Gambalunga genannt. Sigismondo trachtete
seine Kenntnisse im Umgange mit Rechtsgelehrten und
Geschichtskundigen, Dichtern, Philosophen und Künstlern,
welche zu seinem Hofhalte gehörten oder ihn be-
suchten, zu erweitern. Seine Leidenschaft, man darf
fast so sagen, für die Wissenschaft und deren Träger
hat er in der Inschrift zum Sarkophage des genannten
Gemistos Pletho ausgesprochen: «ob ingentem eruditorum
quo flagrat (Sigismundus) amorem» habe er die Überreste des Philosophen den Händen der Türken entrissen.

Es wird erzählt, wie einst Cosmo de' Medici, um einen
Streit mit ihm zu schlichten, die Unterhandlung durch
einen Gelehrten führen liess, welcher Sigismondo's Nachgiebigkeit durch Ablenken seiner Aufmerksamkeit auf
gewisse alte Manuskripte erzielte.

Wie schon erwähnt, machte die Liebe den vielseitig
begabten Mann auch zum Dichter. Seine Lieder zu
Ehren Isotta's sind zu einem Canzoniere vereinigt worden,
welcher u. a. fünfzehn Sonette enthält, deren eines, der
1860 in Ravenna erschienenen Ausgabe entnommen, ich
der Merkwürdigkeit halber hier folgen lasse.

Ad Isottam.

O vagha e dolce luce, anima altera!
Creatura gentile o viso degno
O lume chiaro angelico e benegno
In cui sola virtù mia mente spera,

Tu sei de mia salute alta e primera
Ancora, che mantien mio debil legno ;
Tu sei del viver mio fermo sostegno,
Turture pura candida e sincera.

Dinanzi a te l'erbetta e i fior s'inchina
Vaghi d'esser premi del dolce pede
E commossi dal tuo ceruleo manto.

El sol quando se leve la matina
Se vanegloria, et poi quando te vede
Sconficto e morto se ne va con pianto.

Man sieht, dass er seinen Petrarca kannte. Auch er
beneidete die Blumen und Gräser, welche der zarte Fuss
der lustwandelnden Geliebten trat, und zum Schlusse
welches Bild! Die prunkhaft aufgehende Sonne zieht sich

bei Isotta's Erscheinen beschämt zurück. — Noch andere seiner Gedichte finden sich da und dort zerstreut. Einige waren so volkstümlich geworden, dass sie viel gesungen wurden, sagt der zuverlässige Valturio.

Auch Sigismondo's Mitbewerber auf dem Gebiete der Dichtkunst, welche an seinem Hofe weilten, scheinen alle zu jener Gilde des fünfzehnten Jahrhunderts gehört zu haben, die es sich zur Aufgabe machte, ihr Vorbild Petrarca in allem zu überbieten, was uns bisweilen schon in dessen «Rime» an das Überschwängliche zu streifen scheint. Den Wünschen ihres Herrn zuvor zu kommen, übten sie ihre Virtuosität am Lobe seiner Geliebten. So heisst es in einem dieser in der Sammlung «Isottaea» enthaltenen Lobgedichte, welches «de amore Jovis in Isottam» überschrieben ist, «keine Göttin des Olymps halte einen Vergleich aus mit Isotta, selbst Jupiter sei ihrer unwürdig und müsse Sigismondo weichen.»

Ein gewisser Gianno Panninio hat diese Günstlinge in bissigen Epigrammen Schmeichler und Schmarotzer gescholten. Diese Poeten waren oft jedoch vorzugsweise Gelehrte, welche als Redner oder Kanzler, auch als Diplomaten sich gebrauchen lassen konnten. Giusto de' Conti z. B. an Sigismondo's Hofe, zugleich Richter, Auditor und einer seiner geheimen Ratgeber, vermittelte 1447 den Frieden zwischen Rimini und Urbino und verfasste elegante Gedichte. Seine Gebeine ruhen in einem der Sarkophage an der Aussenseite der Kirche. Dieser Ehre würdig wurde auch der Dichter Basinio Basini befunden, der nach Absolvierung seiner Studien in Mantua nach Ferrara sich begab, um von Teodoro Gaza aus Tessalonica, welchen Lionello d'Este herbeigerufen hatte, die

griechische Sprache zu erlernen. Er hat diese Sprache
dann besungen, besonders aber auch seinen Herrn und
Isotta, endlich noch den Feldzug von 1449 in der Mark.
Der würdigste der in den Sarkophagen Ruhenden ist
ohne Zweifel Roberto Valturio gewesen, Ingenieur und
Militärschriftsteller, dessen grosses Werk «de arti mili-
tari» mit interessanter Vorrede über seinen Herrn nach
seinem (Valturio's) Tode 1472 in Venedig, später in
Verona und auch in französischer und italienischer Übersetzung in Paris gedruckt worden ist. Als ihn Sigismondo
aus der Fremde nach Rimini, seinem Heimatsorte, berief,
fand Valturio den Bau des Castells schon in vollem Gange
befindlich. Er lobt die ausserordentliche Befähigung des
damals erst zwanzigjährigen Sigismondo, welcher allein
die Pläne entworfen hätte, und bezeichnet ihn als den
Erfinder der Granate. Viele von Valturio's Landsleuten
sind Gelehrte geworden. Das geistige Leben am ver-
hältnismässig zahlreichen Hofe wirkte günstig auf die
übrige Bevölkerung zurück, deren Wohl der Herrscher
sich angelegen sein liess.

Werfen wir einen Rückblick auf Sigismondo Malatesta's ganzes Thun und Treiben, so erscheint er uns
kaum mehr als derjenige, dessen Namen wir nur mit
Schaudern haben nennen hören. Die Erinnerung an
seine Unthaten wird von derjenigen an seine Verdienste
um Kunst und Wissenschaft durchkreuzt. Wer diese
Letztern in noch vorhandenen Zeugen zu würdigen in
der Lage ist, muss es um so mehr bedauern, dass
dieser Malatesta seine so aussergewöhnliche Thatkraft
und Begabung so vielfach missbrauchte. Ähnliche Charak-
tere tauchten in jenen Jahrhunderten noch mehrere in

Italien auf, nur bewegten sie sich kaum in solchen
Extremen wie dies bei Sigismondo der Fall war. Auch
in einer spätern Zeit finden wir trotz aller Fortschritte
der Kultur höchster Orten nicht weniger Rohheit. Noch
heute leben wir unter dem Eindrucke der von den Höfen
der Valois und Bourbons unter einem Karl IX., Heinrich III., Ludwig XIV. und XV., in einer Zeit hoher
Blüte der Kunst und Litteratur begangenen Scheusslich-
keiten und Grausamkeiten.

Durch letztwillige Verfügung, kurz vor seinem Tode
hatte Sigismondo Malatesta seine Gemahlin Isotta nebst
ihrem zweiundzwanzigjährigen Sohne Sallustio zu Nachfolgern in der ihm verbliebenen Herrschaft eingesetzt;
der sechsundzwanzigjährige, im Kriege aufgewachsene
Sohn Roberto wurde übergangen. Um so schwieriger
war die Lage seiner Stiefmutter. Zwar sofort nach
ihres Gatten Tode ergriff Isotta, auf die venezianische
Besatzung sich stützend, das Regiment. Der Papst aber,
willens die Gewalt an sich zu ziehen, sandte den in seinem
Dienste befindlichen Roberto nach Rimini mit dem Auftrage, sich der Herrschaft zu bemächtigen. Schon am
20. Oktober, von einigen Getreuen begleitet und zugleich
mit dem Castellan und dem Podestà, erschien er unver-
sehens vor Isotta. Sie verbarg ihre Überraschung und
machte gute Miene zum bösen Spiel. Roberto, allen
Anstand beobachtend, kam mit ihr überein, dass sie beide
mit dem Bruder Sallustio gemeinschaftlich das Regiment
führen sollten. Die Einwohnerschaft zu befriedigen,
wurden noch im gleichen Jahre alle Zölle aufgehoben.
Isotta machte sich kein Hehl daraus, wie wenig genehm
sie dem herrischen Roberto sei und nahm ihre Wohnung

ausserhalb des Castells. Die Besatzung entliess Roberto, der Republik Venedig für die von ihr gewährte Unterstützung dankend. Dagegen liess er sich in die Liga des Königs Ferdinand, des Herzogs Galeazzo Sforza und der Florentiner aufnehmen, da es keineswegs seine Absicht war die Stadt dem Papste zu übergeben. Dieser, darüber aufgebracht, sammelte ein Heer und legte sich vor Rimini. Roberto, anfänglich auf sich und die Einwohnerschaft beschränkt, hatte einen harten Stand. Als aber Hilfe kam, brachte er im August 1469 dem Papste eine solche Niederlage bei, dass dieser auf Ferdinands Betreiben sich mit ihm verständigte. Es war dies nicht die erste Waffenthat Roberto's. Schon früher in den Kriegen seines Vaters hatte er sich an dessen Seite ausgezeichnet. Als geschickter Condottiere wie auch in seinem Lebenswandel hat er diesen nicht verläugnet. Jedoch Hang zu edleren Bestrebungen besass er nicht.

Als Roberto des Triumvirats überdrüssig wurde, entledigte er sich seiner Genossen. Im August 1470 wurde eines Morgens früh der tapfere Sallustio vor dem Hause seiner Geliebten tot aufgehoben, als wäre er ein Opfer der Eifersucht geworden. Bald darauf erlag auch der Bruder Valerio den Dolchen gedungener Mörder. Noch im gleichen Jahre starb Isotta an den Wirkungen langsamen Giftes. Unter grossem Gepränge liess der Stiefsohn ihren Leichnam in der von Sigismondo für sie bestimmten Grabstätte beisetzen. Fünf Morde lasteten auf Sigismondo und Roberto, wahrlich des Stoffes genug zur Tragödie «Isotta Malatesta», welche noch des Autors harrt.

Mit Roberto galt bald der Name «Malatesta» so viel als früher. Er hielt, sobald er anerkannter Herr von Rimini war, treu zum Papste. Herzog Galeazzo in Mailand und König Ferdinand von Neapel boten ihm nicht nur die Führung ihrer Truppen an, sondern wünschten ihn sich auch zum Schwiegersohne. Aber Roberto blieb kluger Weise einer seinem Nachbarn Federico von Urbino gegebenen Zusage treu und heiratete dessen Tochter Isabetta. Der bei dem Hochzeitsfeste zu Rimini, zu welchem Einladungen an alle Höfe Italiens ergangen waren, gemachte Aufwand klingt unglaublich. Broglio beschreibt das Ceremoniell; Tonini gibt das urkundlich belegte Menu. Da wird erzählt, was an Speisen, Getränken und Süssigkeiten verzehrt, was für Trinkgelder an die Köche, für Geschenke an die zum Teil von den Gästen selbst mitgebrachten Pfeifer, Trommler, Harfenisten, Lautenspieler, Sänger, Komiker, Hofnarren und Diener, an die Redner und Dichter verausgabt wurde. Von den genannten Zahlen mögen folgende genügen: Es wurden gebraucht: 45000 Eier, 120 Fässchen Wein, 13000 Orangen, für 4000 Lire Fleisch, 8680 Hühner, 890 Pfauen, 540 Enten, für 2890 Lire Wachs, 3896 Lire Konfekt, 570 Bologneserwürste, 40 Parmesaner Käse u. s. w. Den Musikern des Herzogs von Ferrara wurden 25 Dukaten, seinem Komiker 18 Dukaten, einem Organisten 8 Dukaten verabfolgt, u. s. w. Man fragt sich, woher das viele Geld? Der Geist ging dabei nicht ganz leer aus. Von einem fünfzehnjährigen Fräulein Andriana Polissena und ihrer Freundin Giovanna Grisalda da Bianchella wurde das hochzeitliche Paar in Versen gefeiert.

Der berühmt gewordene Condottiere begab sich später in die Dienste der Republiken Florenz und Venedig; inmitten seiner Triumphe starb er 1482 plötzlich an Gift, mit Hinterlassung von fünf Söhnen, von denen der eine nach erfolgter Legitimation durch den Papst die Investitur erhielt. Von seiner Gemahlin hatte er nur eine Tochter. Im Jahre 1500 wurde Rimini definitiv dem Kirchenstaate einverleibt, was jedoch die an der grossen Heerstrasse längs des adriatischen Meeres gelegene, leicht zugängliche Stadt vor weitern Wechselfällen nicht schützte. Was die Kriege verschonten, hat Unverstand zum Teil zerstört. Namentlich ist zu bedauern, dass in der

Castello Malatestiano. Dessen Überbleibsel in Rimini.

ersten Hälfte unseres Jahrhunderts das von Sigismondo erbaute Castell, die Rocca Malatestiana, dessen Aussehen uns durch die Medaillen des Matteo da Pasti erhalten worden ist, beinahe gänzlich abgebrochen wurde. Die vielen von Zinnen gekrönten Thürme und Umfassungsmauern, die Wälle und Gräben sind verschwunden. Die kaum noch kenntlichen Überreste des Kerns sind in ein Gefängnis umgewandelt worden.

Aus der römischen Zeit hat ausser dem Triumphbogen des Augustus, unter welchem die aus dem Ge-

birge kommende «Via Flaminia» mit der nach Norden
führenden «Via Aemilia» zusammenstiess, nur noch die
schöne Brücke über die Marecchia aus der Zeit des
Tiberius den Stürmen der Jahrhunderte getrotzt. Die

Triumphbogen des Augustus in Rimini.

Marecchia mündet in den Hafen. Der Triumphbogen,
aus Travertin erbaut, wurde im Jahre 27 vor Chr. zu
Ehren des Augustus, als des Restaurators der via Flaminia,
errichtet. Der obere Teil, welchen ursprünglich an Stelle

der heutigen Zinnen ein Viergespann aus Marmor mit der Statue des Augustus zierte, wurde im Jahre 538 im Kriege Belisars gegen Vitiges zerstört. Bei der Wiederherstellung wurde die lateinische Inschrift auf sinnlose Weise wieder zusammengestellt. Die Spannweite des Bogens beträgt M. 8,84.

Der wissbegierige Fremde wird es gerne begrüssen, dass wenn auch nicht unversehrt geblieben, doch die Bibliothek neu erstanden ist. Nachdem infolge eines Volksaufstandes im 16. Jahrhundert die städtischen Archive geplündert worden waren, die Behörden auch manches Wertvolle nach Rom verschleppt hatten, unternahm ein im Jahre 1619 verstorbener Gönner in grossartiger Weise die Restauration der Bibliothek, welche nun ihm zu Ehren die Gambalunghiana heisst. Sie zählt 34000 Bände, 300 Incunabeln und 850 Manuskripte, worunter ein Dantecodex von 1380. Dieser wird nebst andern Kostbarkeiten in einem feuerfesten Schranke aufbewahrt. Höchst zuvorkommend ist der Empfang, welchen der Bibliothekar, Herr Carlo Tonini, Sohn des frühern Bibliothekars, des Historikers Comm. Luigi Tonini, den seltenen Fremden bereitet. Die Räume sind täglich dem Publikum während fünf Stunden zur Benützung geöffnet, von welcher Befugnis, wie ich bemerkte, ein erfreulicher Gebrauch gemacht wird.

Die modern aussehende Stadt, welche der breite Corso durchschneidet, mit der grossen piazza Giulio Cesare, dem teilweise noch gotischen Rathause, dem grossen Theater, lässt einen günstigen Eindruck zurück, zumal da man nicht durch Bettelei belästigt wird. Die vielen Villen und Höfe in der hügeligen und überaus freundlichen Umgebung zeugen von Wohlstand, obschon jede gewerbliche Thätigkeit fehlt und der Handel auf die Ausfuhr der Landesprodukte sich beschränkt. Der Fels der nahen kleinen Republik San Marino gibt dem landschaftlichen Bilde einen malerischen Abschluss. Reizende Ausflüge nach allen Seiten hin, sowohl dem Meere entlang als in das Hügelland, ein neues Kurhaus am Strande, die gesunde moskitofreie Luft laden zum Besuche ein. Dennoch ist der Fremdenverkehr ein spärlicher. In der Aquila d'oro, dem einzigen Gasthofe, waren ausser mir drei durchreisende englische Damen die einzigen Gäste.

Es hält schwer, sich im heutigen Rimini dessen schicksalsvolle Vergangenheit zu vergegenwärtigen. Die Erinnerung an sie beim Leser wach zu erhalten, führe ich ihm beim Verlassen des Ortes nochmals das vielsagende Monogramm des Tempio Malatestiano vor.

IV.

ASDRUBALE.

ine leider nur dreiviertelstündige Fahrt
brachte mich, an der wie in einem Garten
liegenden und zugleich vom Meere be-
spülten Stadt Pésaro vorbei, von Rimini
nach Fano, dem Fanum der Römer, wo
ich in einem primitiven Wirtshause bei einem alten Ehe-
paare ganz befriedigende Unterkunft fand. In dem engen
Stübchen, das die ganze Front des Hauses einnahm, war
ich dem Schutze Garibaldi's und der Madonna empfohlen,
deren Bilder die Wand an meinem Bette schmückten.
Fano liegt malerisch auf einer kleinen Anhöhe dicht am
Meere, ist ein Städtchen mit engen Gässchen und unterscheidet sich durch seinen altertümlichen Anstrich von
Rimini, dessen Schicksale es im allgemeinen geteilt hat.

Von Fano aus wollte ich auf der alten, nun restau-
rierten Via Flaminia, welche sich in naher Entfernung
durch den Furlopass windet, den Apennin überschreiten,
vorher aber noch über die Örtlichkeit mir Rechenschaft
zu geben suchen, wo Hasdrubal am 24. Juni des Jahres
207 vor Chr. im zweiten punischen Kriege, als er seinem
im südlichen Italien bedrängten Bruder Hannibal zu Hilfe

ziehen sollte, von den Römern geschlagen und getötet, wurde. Zwei Schriftsteller der Alten fallen hier in Betracht. Der Grieche Polybios (lib. XI. Cap. I.), welcher im Jahre 167 vor Chr. als Geisel nach Rom geführt worden war, und der Römer Titus Livius, geb. 59 v. Chr. (lib. XXVII. Cap. 43—49). Laut Livius hatte Hasdrubal, nach seinem Übergange über die Alpen, von Oberitalien aus seinem Bruder Hannibal einen Brief gesendet, welchem zufolge beide in Narni zusammentreffen sollten, um von dort vereint den Kampf gegen Rom weiter zu führen. Diesen Brief hatten die Römer aufgefangen. Sofort trafen sie Anstalten diese Vereinigung zu verhindern und detaschierten Truppen auf die Ostseite des Apennin, wo die Pässe sich befinden, durch welche Hasdrubals Weg führte, um nach Narni in Umbrien zu gelangen. Einer dieser Pässe war der heutige Furlopass, durch welchen schon damals, dem Flusse Metaurus entlang, und zwar nördlich von diesem, die Via Flaminia führte. Der andere Pass führte vierzehn Kilometer südlich vom Metaurus, der Thalsohle des kleinen Flusses Cesano entlang, nach dem heutigen Pergola, von wo aus die Via Flaminia bei dem nicht weit entfernten heutigen Orte Cagli (ad Calem) erreicht werden konnte. Zwischen den Mündungen der genannten zwei Flüsse befindet sich dem Meere entlang eine Ebene, welche westlich von einer niedrigen Hügelreihe begrenzt ist. Sechs Kilometer weiter südlich vom Cesano befindet sich die Stadt Sinigaglia, das alte Sena gallica.

Diese Gegend muss man kennen, um über die wahrscheinliche Lage des Schlachtfeldes sich ein Urteil bilden zu können, da weder die Landkarten noch der Bericht des Livius ausreichen und Polybios die Örtlichkeit nicht beschreibt.

Livius verlegt nun das Schlachtfeld ins Gebirge, auf das rechte Ufer des zwei Kilometer südlich von Fano in das Meer sich ergiessenden Metaurus. Allein seine eigene Erzählung wie auch diejenige des Polybios über den Hergang der Schlacht, namentlich auch die Beschaffenheit des Terrains widerstreiten seiner Angabe. Er sagt, dass Hasdrubal in der Gegend um Sena der Römer ansichtig wurde. Demnach hatte Hasdrubal den Weg durch den Furlopass nicht eingeschlagen, war über Fanum hinaus gezogen, hatte den Fluss Metaurus überschritten und hatte also diesen im Rücken. Dann war er durch den ebenen Küstensaum an das Flüsschen Cesano unweit Sena gelangt. Lange hat mich die Frage beschäftigt, warum er nicht durch den Furlopass gezogen ist, durch welchen seit schon etwa sieben Jahren die gebahnte Via Flaminia führte, bis ich den Worten in Cap. 46 mehr Aufmerksamkeit schenkte, wo gesagt ist, dass der (wohl auch zur übrigen aus Umbrien herangerückten Nordarmee gehörende) Praetor Porcius Licinus mit seiner Heeresabteilung im Gebirge sich aufhielt und den Feind auf jegliche Weise zu belästigen und am Vorrücken durch die Pässe zu hindern suchte. Was den Furlopass betrifft, so kann Porcius Licinus, wenn er denselben schon besetzt hielt, ohne grosse Schwierigkeit den Carthagern den Durchgang verwehrt haben. Der Pass daselbst ist durch vorspringende Felsen buchstäblich gesperrt. In der Tiefe bricht sich der tobende Metaurus mit Gewalt seine Bahn. In jüngster Zeit erst ist für die Via Flaminia ein Tunnel durch den Fels gesprengt worden.

Wo dort früher die Strasse mag gewesen sein, wurde mir nicht klar. Jedenfalls war sie eine sehr dürftige und leicht zu sperrende; zu umgehen ist der Pass nicht. Hasdrubal musste also eine andere Richtung einschlagen, zog südlich weiter und gelangte dahin, wo das Thal des Flüsschens Cesano einen andern Eingang ins Gebirge bildet und von wo aus heute eine schöne Strasse nach Pergola führt. Da hiess es Halt!

Hier sollten die Würfel fallen. Hier sollte sich das Gewitter entladen, dessen Annäherung von Norden, möglicher Weise auch von Süden her, man in Rom mit Besorgnis entgegensah. Ein Zufall hatte den Ausbruch der Krisis beschleunigt, hatte, wie so oft im Kriege, die Wendung der Dinge bestimmt. Die vier gallischen und zwei numidischen Reiter, welche Hasdrubals Brief seinem Bruder Hannibal bringen sollten, waren von der Po-Ebene durch ganz Italien glücklich bis in das äusserste Apulien gelangt, als sie anstatt Metapont zu gewinnen, wohin Hannibal, vor dem ihm stets auf dem Fusse folgenden Konsul Caius Claudius Nero zurückgewichen war, in der Nähe von Tarent in die Hände der Römer gerieten. Nero, ein Mann der That und raschen Entschlusses, nahm es auf sich, ohne erst den Senat in Rom darum anzufragen, sofort siebentausend Mann auserlesener Mannschaft, worunter eintausend Reiter, vom Beobachtungskorps vor Metapont abzulösen und damit in Gewaltmärschen zu seinem Kollegen, dem Consul Marcus Livius zu stossen, den er mit seinem Heere bei Sena wusste. Der Aufbruch von Metapont und die Wegrichtung wurden thunlichst verheimlicht; der Consul Livius wurde von der Sache benachrichtigt und die ganze Bevölkerung auf der zurückzulegenden Strecke durch vorausgeschickte Boten aufgefordert, den Durchmarsch mit allen Mitteln zu erleichtern. Man solle, so berichtete Nero zugleich nach Rom, die Stadt wohl besetzt halten und ein Truppenkorps nach Narni verlegen. Zu Rom erfüllte das Wagnis des Consuls Nero die einen mit Schrecken, die andern mit froher Hoffnung. Wie zutreffend schildert mein Livius, den ich nach sechzig Jahren in der kleinen Tauchnitz-Ausgabe wieder zur Hand nehme, die Bedenken der in Rom mit Angst Erfüllten. Und wahr ist's, wenn er diese sagen lässt, zur Sicherung des Lagers vor Metapont habe Nero kaum etwas anderes zurückgelassen als die Unkunde, in welcher Hannibal über seine Abwesenheit und diejenige eines Teils seines Heeres war. Und nun beschreibt unser Autor, wie bereitwillig das Landvolk von überall herbeiströmte, das Heer des Nero, in welchem es seine Erlöser von den Leiden des schon seit zwölf Jahren dauernden Krieges erblickte, mit allem Nötigen zu versehen, wie die Vaterlandsliebe es mit Freiwilligen, junger, rüstiger und auch schon ausgedienter Mannschaft vermehrte, wie gute Mannszucht gehalten wurde, und, was mir sehr bezeichnend scheint, welcher Diskretion (modestia) sich die Krieger in der Inanspruchnahme der ihnen bewiesenen Freigebigkeit beflissen. Nero hielt sich nach Abrede im Gebirge verborgen und rückte erst Nachts in das Lager seines Kollegen ein. In geringer Entfernung davon hatte der Feind das seinige aufgeschlagen. Nero weiss den Kriegsrat zu sofortigem Angriff zu bestimmen. Die Heere stehen einander in geordneter Schlachtreihe gegenüber. Brauchte es noch eines Beweises, dass man sich un-

weit Sena in der Nähe des Flüsschens Cesano befand,
so möchte ich noch anführen, dass unser Autor den
Hasdrubal, als er Verdacht schöpft, die Römer möchten
Zuzug erhalten haben, einige seiner Leute an den
Fluss ausschwärmen lässt, um einige der in demselben
Wasser holenden Feinde einzufangen. Zwischen dem
Metaurus nun und Sena ist kein anderes Gewässer als der
kleine unweit letzterer Stadt fliessende Cesano. Von
hier an ist des Autors Bericht über den Hergang der
Schlacht unklar und mit der Topographie unvereinbar.
Der Schlachtbericht des Polybios, vielleicht 45 Jahre
nach der Schlacht geschrieben, lautet:

«Hasdrubal, als er sah dass keine Zeit zu verlieren
«war, indem der Feind in geordneter Schlachtreihe gegen
«ihn anrückte, war genötigt die Spanier und was er von
«Galliern bei sich hatte, zur Schlacht zu ordnen. An die
«Spitze stellte er die Elefanten, seine Armee zog er auf
«einen kleinen Raum zusammen, indem er die Reihen tief
«bildete. Er selbst nahm im Centrum, hinter den Ele-
«fanten Stellung und griff die Linke der Römer an, fest
«entschlossen in den Tod zu gehen wenn er jetzt nicht
«siegen sollte. M. Livius rückte stolz ihm entgegen und
«kämpfte mit Ungestüm. Claudius, welcher den rechten
«römischen Flügel befehligte, konnte weder an den Feind
«herankommen noch ihn umgehen, da die Schwierigkeit
«der Wege ihn daran hinderte; dieselbe Schwierigkeit
«des Terrains hatte auch Hasdrubal bestimmt, den Haupt-
«angriff gegen den linken römischen Flügel zu richten.
«Missmutig über seine Untätigkeit, handelt Claudius wie
«er es der Sachlage nach für angemessen hält. Er führt
«seine Abteilung hinter das Schlachtfeld herum über die

«Linke der Römer hinaus und greift die auf den Elefanten
«kämpfenden Karthager von der Flanke an. Bis dahin
«war der Kampf schwankend gewesen. Auf beiden Seiten
«wurde mit aller Anstrengung gekämpft, denn für den
«Besiegten blieb keine Rettung mehr übrig. Die Elefanten
«waren beiden Teilen hinderlich. Denn mitten in den
«Kämpfenden eingeengt und von Pfeilen beschossen, störten
«sie die Reihen der Römer sowohl wie die der Spanier.
«Als aber Claudius dem Feinde in den Rücken fiel, änderte
«sich die Sachlage sehr. Von vorn und von hinten ange-
«griffen, wurden die Spanier fast gänzlich in Stücke ge-
«hauen. Sechs Elefanten wurden nebst ihren Führern
«getötet, und die vier andern wurden, nachdem sie die
«Linien durchbrochen hatten, einzeln ohne ihre farbigen
«Führer gefangen. Hasdrubal, tapfer wie immer, verlor
«rühmlich das Leben . . . Die Römer plünderten nach
«dem Siege das feindliche Lager. Eine Menge Gallier,
«welche sich in demselben auf Stroh gebettet, betrunken
«und schlafend vorfanden, wurden erwürgt. Aus den Ge-
«fangenen wurden zu Gunsten des Staatsschatzes über drei-
«hundert Talente gelöst. Auf dem Schlachtfelde sollen
«mindestens zehntausend Karthager und Gallier, und blos
«zweitausend Römer geblieben sein. Einige der vornehm-
«sten Karthager wurden gefangen, alles Übrige niederge-
«macht.» So viel Polybios.

T. Livius, welcher seinen Bericht 200 Jahre nach der
Schlacht geschrieben haben mag, ist zwar etwas ausführ-
licher, stimmt aber in der Beschreibung der Schlachtordnung und der Schlacht oft beinahe wörtlich mit seinem
Vorgänger, dem von ihm offenbar benützten Polybios,
überein. Nur spricht er von sechsundfünfzigtausend ge-

fallenen Karthagern und achttausend Römern, unmögliche
Zahlen, welche auch anderes in seinem Berichte wenig
glaubwürdig erscheinen lassen. Durchaus unglaubwürdig
ist es, wenn er die Karthager, in Sorge wegen der von den
Römern erhaltenen Verstärkung, nachdem sie am Cesano
den Römern gegenüber in Schlachtreihe aufgestellt gewesen waren, von diesen unbemerkt, und wäre es auch
Nachts gewesen, den 14 bis 16 Kilometer langen Rück-
zug in das Thal des Metaurus bewerkstelligen lässt,
dessen rechte Uferseite, auf welcher die Karthager bleiben,
unwegsam ist, geschweige zu einem Schlachtfeld sich
eignet. Livius hat offenbar die Örtlichkeit nicht gekannt. Der Consul Nero, dem daran gelegen war, seinen
Zweck, mit dem Consul M. Livius vereint den Hasdrubal
zu vernichten, baldigst zu erreichen, war nicht der Mann,
sich diesen entschlüpfen zu lassen, und seinen Zweck
hat er in der Ebene nördlich des Cesano erreicht, mag
auch Hasdrubal Vorbereitungen zu einem Rückzuge getroffen haben oder nicht. In dieser Ebene allein war es
möglich, zwei Armeen wie diese in Schlachtordnung auf-
zustellen. Aus der Nähe des Meeres, welches damals
die etwas erhöhte Ebene noch bespült haben mag, liesse
sich erklären, warum die Römer unter Nero sich ver-
hindert sahen, den linken Flügel der Karthager zu umgehen oder an ihn heranzukommen. Wenn dort vielleicht
aus dieser Ursache der römische rechte Flügel unver-
hältnismässig tief war, so konnte unvermerkt ein Teil
davon detaschiert werden um den feindlichen rechten
Flügel zu umgehen, sei es noch in der Ebene, oder über
die durch die Einsenkung beim Cesano leicht zu er-
reichenden niedern Hügel. Die ganze Rückzugsgeschichte

in Livius ist so verworren und im Widerspruche mit
seinem Cap. 46 und dem Beginn von Cap. 47, dass sie
legendenhaft erscheint. Der Autor war eben leicht-
gläubig und liess da, wo er Lücken fand, seiner Phantasie freien Lauf. Den Lakonismus des Polybios ergänzt
am besten die Ortsbeschaffenheit wie sie heute noch ist.
Mommsen hat sie sicher gekannt und verlegt daher mit
Recht das Schlachtfeld kurzweg nach Sena. Etwa sechs
Kilometer von dieser Stadt entfernt befindet sich eine
Poststation Marotta, welcher Name, vielleicht aus mala
rotta (böse Niederlage) zusammengezogen, auf die Schlacht
sich bezogen haben dürfte. — Dass die Sage sich der
Sache bemächtigt hat, zeigt der steile Berg, Mons Asdrubale, im Furlopass, an dessen Fuss sie die Schlacht
verlegt hat. Dagegen wollen wir gerne Livius und Ovid
Glauben beimessen, wenn sie, um modern zu reden, sagen,
dass das grobe Geschütz der Karthager durch das Klein-
gewehrfeuer der Römer zum Schweigen gebracht worden
sei. Auch Polybios sagt nämlich, dass die Elefanten durch
die auf sie abgeschossenen Pfeile wütend gemacht, gegen
die Karthager selbst rasten, so dass ihre Führer sie durch
Eintreiben von Meisseln in den Nacken töten mussten.
Dass diese Tiere Hasdrubal verderblich wurden, deutet
Ovid (Fast VI: 770) in folgendem Pentameter an:

«Et cecidit telis Hasdrubal ipse suis.»

Schon sechs Tage nach der Affaire langte Nero
wieder vor Metapont an, Hasdrubals Kopf mitbringend,
um ihn dessen Bruder als untrügliches Zeugnis des Vor-
gefallenen nebst zwei Gefangenen als Berichterstatter zu
übersenden.

Noch fehlt auf dem Schlachtfelde ein Denkmal zur Erinnerung an das grosse Ereignis, welches Karthago eines dem Hannibal ebenbürtigen Feldherrn beraubte, Rom dagegen von einer grossen Gefahr befreite. Dafür hat Horaz in unvergänglichen Worten der rettenden That des Consuls Nero gedacht. Lib. IV. Ode 4. Wäre auch der Ausgang dieser Schlacht ein für die Karthager günstiger gewesen, Rom wäre nicht daran zu Grunde gegangen; auf die Dauer mussten die von der Liebe zum Vaterlande Beseelten über die in ihrem Thun vorzugsweise von Handelsinteressen geleiteten Rivalen den Sieg davon tragen. Man liest mit Bewunderung, wie die anfänglich in diesen punischen Kriegen so hart mitgenommenen Römer nie den Mut sinken liessen und stets wieder zu neuen Opfern bereit waren. Sie sind hiefür jedem Volke, das etwas auf sich hält, ein ermutigendes Beispiel. Noch besassen sie eben damals jene «virtus» (Tugend), welche der Inbegriff ist aller geistigen und körperlichen Vorzüge des Mannes, wie sie Cato der ältere, der unerbittliche, besass, der seinen Mitbürgern bei jeder Gelegenheit seine Worte «Ceterum censeo, Carthaginem esse delendam» wiederholte, jene «virtus», welche der genannte Dichter noch besingt und welcher nachzuleben er seine Landsleute auffordert, zu einer Zeit, da sie ihnen schon sehr fremd geworden war, welche ich aber noch im schönen Kopfe des Agrippa, des Siegers bei Actium (vir rusticitati propior quam deliciis. Plin. h. n. XXXV) erkenne. In den von Livius gerühmten Spaniern, auf welche Hasdrubal die meiste Hoffnung setzte, und welche uns bereits durch ihre Hartnäckigkeit im Kampfe mit den Römern in Spanien als ausdauernd bekannt sind, in diesen alten Iberern, den Verteidigern von Numantia, erkennen wir dieselben tapfern, hart gesinnten Spanier von heute, die Verteidiger von Saragossa. In jenen Galliern aber, von denen Livius sagt, dass Hasdrubal sie nicht so sehr aus Vertrauen auf sie, als weil er glaubte sie würden vom Feinde gefürchtet, den Truppen Nero's gegenüber gestellt habe, und deren ein Teil sich der Sorglosigkeit hingegeben hatte und von der Schlacht weggeblieben war, erkennen wir im grossen und ganzen die Väter der heutigen Franzosen, deren «Gauloiserie» sie wesentlich von ihren sprachverwandten Vettern unterscheidet. Der Grundstock dieser Nationen ist heute noch was er vor mehr als zweitausend Jahren war. Die zwischen ihnen bestehende sprachliche Verwandtschaft und teilweise auch eine Ähnlichkeit in den Sitten, welche auf klimatische Einflüsse und die gemeinsame Religion zurückzuführen ist, rechtfertigen es nicht, wenn ein Castelar und ein Deroulède in ihren Nöten eine Solidarität der lateinischen Rassen anrufen.

Wenn man bisweilen fragen hört, warum die Karthager, um nach Italien zu gelangen, den weiten Weg durch Spanien und Frankreich machten, so lag die Ursache wohl darin, dass sie mit Söldnerheeren fochten, welche sie in Spanien, Gallien und Oberitalien anwerben mussten. Der afrikanische Bestandteil des Heeres beschränkte sich auf die numidischen Reiter. Merkwürdig ist, dass auch diese neben den Spaniern bisweilen als in römischem Solde stehend erwähnt werden.

. Nachdem ich meiner Wissbegierde um die Topographie des Kampfplatzes Genüge geleistet hatte, stattete ich gerne dem nahen Sinigaglia einen Besuch ab, um in dem trefflichen Gasthofe daselbst mich auszuruhen. Diese ganz moderne Stadt mit hohen, saubern Häusern, breiten Strassen und gutem Hafen macht einen günstigen Eindruck. Aber eine ‹Guida› zu besitzen, ist der reiche Ort nicht in der Lage. Selbst für den allwissenden Dante scheint Sinigaglia kein historisches Interesse gehabt zu haben, während er zweimal des bescheidenen, heute in Vergessenheit geratenen nahen Fano gedenkt. Die Verse 76 bis 81 im Gesang XXVIII der Hölle beziehen sich auf zwei edle Fanesen, Guido del Cassero und Angiolello da Carignano, welche von Malatestino Malatesta, dem Einäugigen, einem Sohne des Hundertjährigen, zu einer Unterredung nach Rimini eingeladen, auf dessen Anstiften von den Schiffern im Meere ertränkt wurden. Auf einen andern Cassero von Fano beziehen sich die Verse 67 bis 72 im Gesang V des Purgatorium. Dieser, zur Guelfen-Partei gehörend, war im Jahre 1288 den Florentinern gegen Arezzo zu Hilfe geeilt, hatte sich als Podestà von Bologna durch üble Rede die Feindschaft des Azzo VIII. von Este zugezogen, welcher ihn ermorden liess. Cassero erzählt wie dies Alles zuging und bittet Dante, er möchte in Fano für ihn beten lassen. (Ti prego . . . Che tu mi sie de' tuoi prieghi cortese In Fano si . . .). Wer von Fremden sich nach Fano verirren mag, konnte ich nicht erforschen, da die Wirtsleute kein Fremdenbuch führten. Unsere Baedeker würdigen das Städtchen nicht vieler Worte. Ich will mich daher desselben in Kürze erbarmen und benütze hiezu die von Herrn Evaristo Francolini verfasste ‹Guida›. Der patriotische Autor hat sie ‹seinen Wissenschaft, Litteratur und Kunst pflegenden Mitbürgern› gewidmet. Wiewohl der Verkauf kaum weit über den

Kreis derselben hinaus reichen dürfte, hat sie schon drei
Auflagen erlebt. Die Bildung ist in diesen kleinen
interessanten Ortschaften, von denen es in Italien wimmelt,
viel verbreiteter als man glaubt.

Im Jahre 283 v. Chr. wurde die damals schon vorhandene Stadt römisch. Nach der Teilung des Reichs
wurde sie in den Kämpfen der oströmischen Kaiser mit
den Goten durch Vitiges verbrannt. Ihre Wiederauf-
bauung verdankte sie den Siegen Belisars, worauf sie
ein Bestandteil des von Konstantinopel aus regierten
Exarchats wurde. 752 bemächtigten sich derselben die
Langobarden, bald darauf Pipin, welcher sie der Kirche
schenkte. Infolge der innern Fehden zwischen Guelfen
und Ghibellinen, den Parteien der Familien Cassero und
Carignano, ging sie der unter dem schwachen Regimente
der Päpste erworbenen städtischen Freiheit verlustig und
geriet in die Gewalt der Malatesta, welche als Vikare
der Kirche bis 1463 sich in derselben behaupteten. Auch
nachdem sie in den unmittelbaren Besitz der Kirche
übergegangen war, sah sie ihre municipalen Rechte
wiederum der Willkür preisgegeben, als 1501 der Papst
Alexander VI. sie nebst andern Städten der Mark
Ankona seinem Sohne Cesare Borgia zum Besitztum
übergab. Nach dessen Sturz durch Giulio II. im Jahre
1504 gehörte sie, kurze Unterbrechungen abgerechnet, bis
1859 zum Kirchenstaate. 1883 zählte die Stadt innerhalb ihrer Mauern 6819, in den ländlichen Vorstädten
2941 Einwohner.

Ein Städtchen ist also Fanum zu nennen, aber nichts
weniger als ein verkommenes. Auch hier treiben die
Blüten aus früheren Zeiten noch ihre Früchte, Dank dem

rege gebliebenen municipalen Geiste und Bürgersinne, welche eine übertriebene Centralisation nicht erstickt hat. Auf das Vorhandensein einer städtischen Bibliothek durch meine Guida aufmerksam gemacht, lenkte ich meine Schritte zu dem aufgehobenen Kloster, wo der Bibliothekar, Herr Aristide Monti, dessen Gefälligkeit zu loben ich auch seither noch Anlass gehabt habe, die ihm anvertrauten Schätze hütet. Unter den Incunabeln daselbst fand ich ein vortrefflich erhaltenes Exemplar des von Tielman Kerver 1504 in Paris gedruckten livre d'heures mit den 66 Metalldrucken des Totentanzes. Den noch jungen Bibliothekar freute es, als ich ihn auf den Wert dieses auf Pergament gedruckten und mit gemalten Initialen geschmückten Kleinods aufmerksam machte. In der berühmten Bibliothek des nahen Cesena sind solche Schätze an Ketten befestigt.

Wohl eher als in der Bibliothek, welche arm ist an neuer Litteratur, sucht die Mehrzahl der Einwohner in Fano geistige Erholung im Theater, wo zwar, wie in allen diesen kleinern Städten, nur vorübergehend gespielt wird. Das Gebäude auf der piazza maggiore rief durch seine Grösse meine Neugierde wach. Ich liess es mir öffnen. Ein Theater bei Tage gesehen, bietet einen trostlosen Anblick. Hier aber war es mir, als schaute die Fröhlichkeit der Zuschauer aus den Ranglogen mir entgegen, so gemütlich schien mir die prunklose und bequeme Einrichtung. — Zur Ehre der Männerwelt Fano's sei hier noch bemerkt, dass sie ihre Leselust nicht nur in den Cafés, sondern auch in einem Lesezirkel befriedigt, welcher unter dem heutigen Regiment sich eines ungestörten Fortbestehens erfreut, während er früher bei jeder

Invasion durch österreichische oder päpstliche Truppen sofort geschlossen wurde.

Namentlich aber ist es das Gebiet der Wohlthätigkeit, auf welchem sich der gute Geist der Einwohnerschaft von jeher hervorgethan hat. Seit 1323 besteht ein Pfrundhaus, nun unter der Obhut der Municipalverwaltung und in gedeihlichem Zustande sich befindend. Gleichen Alters ist der städtische Spital, dessen Stütze einst die Malatesta waren, nach deren Sturze andere Familien in den Riss traten. In der mit dem Spital verbundenen Apotheke fallen dem Altertümler die schönen Porzellangeschirre auf, Erzeugnisse der frühern berühmten Landesindustrie. Ein Vermächtnis aus dem Jahre 1864 rief einen Spital für Unheilbare ins Leben. Ausserdem besitzt die Stadt ein Waisenhaus für Mädchen und eines für Knaben, ein Pfand- und Leihhaus, dieses, schon seit 1421, wie es scheint, ein Bedürfnis, eine viel benützte Ersparniskasse, Kranken- und Hilfskassen für Arbeiter, endlich seit 1879 eine Vorschusskasse und eine Handwerkerbank, deren unbezahlter Direktor Graf Annibale Cav. di Montevecchio*) ist.

Man sieht aus diesen vielen auf dem Wohlthätigkeitssinne und der Intelligenz der Einwohner fussenden Anstalten, dass der Schein in Fano, mit seinen alten geschwärzten Mauern, «trügt».

---

*) Der Name des den Römern so verhassten «dirus» und «durus Hannibal» ist bei deren Nachkommen merkwürdig populär geworden. Auch demjenigen des Vaters «Amilcare» begegnet man ziemlich häufig. Kürzlich traf ich auch auf einen «Asdrubale». — Namen aus der alten Geschichte sind überhaupt in Italien immer beliebt gewesen.

Von den 25 noch im Gebrauche befindlichen Kirchen und Oratorien ist namentlich S. Francesco mit drei schönen Malatesta-Denkmälern erwähnenswert.

Früh am Morgen des 4. Mai bestieg ich ein mit zwei Kleppern bespanntes Wägelchen. Frohen Gefühls nun für einige Zeit des eisenbahnlichen Zwanges enthoben zu sein, fuhr ich bei frischer Morgenluft unter einem

Der Apennin mit dem Furlopass.

halb zerstörten Augustusbogen hindurch in die schöne Landschaft hinaus. Kaum konnte ich es fassen, dass ich in wenigen Stunden das Hauptziel meiner Reise, die Geburtsstätte Rafaels, erreichen sollte, jenes Urbino, wohin es mich vor zwei Jahren von Gubbio aus so gezogen hatte.

Langsam ansteigend nähert man sich dem geheimnisvoll aussehenden Apennin. Senkrecht erhebt sich derselbe aus der Ebene. An einer Stelle erscheint die Ge-

9

birgskette vom Gipfel bis zum Fuss wie geborsten. Der Anblick ist viel versprechend. Gerne hörte ich's, als der Kutscher sagte, dass dorthin der Weg führe. Das von der Meeresküste bis zu den Bergen sanft ansteigende Gelände ist wiederum, wie so viele in dem gesegneten Italien, ein Land wo Milch und Honig fliesst. Von jedem Unkraut freie Äcker, sorgfältig gepflegte Grünhäge, hie und da eine prächtige Villa fesselten meine Augen, als wenn sie dergleichen noch nie gesehen hätten. Die Üppigkeit des Pflanzenwuchses erinnerte mich an diejenige um Capua. Bei Fossombrone, einer grossen Ortschaft, ändert sich das landschaftliche Bild mit einem Male. Felsige Höhen werfen die warmen Sonnenstrahlen zurück, zugleich aber quillt kühles und reichliches Wasser von ihnen herab, denn hier beginnt der Apennin. Das Wasser, zur Seidenspinnerei unentbehrlich, hat Fossombrone zu einem gewerbereichen Orte gemacht und meine frühere gute Bekanntschaft mit der goldgelben elastischen Fossombroneseide hatte mich zum Teil bestimmt den etwas längern Weg über Fossombrone einzuschlagen anstatt des kürzern über Pésaro. Die den Pferden gegönnte Rast verschaffte mir die erwünschte Gelegenheit zur Besichtigung des Ortes. Seine Bauart sowohl wie das Getriebe in den offenen Werkstätten unter den Gewölben machen einen behaglichen Eindruck. Die Arbeit in diesen ging Hand in Hand mit Essen und Trinken, wie es etwa im Lande der Phäaken mag zugegangen sein. Die alte «Via flaminia» ist hier zu einer breiten, wohlgepflasterten, von hohen Häusern eingefassten Strasse geworden. Diese verlassend biegt man, dem Laufe des wilden Metauro folgend, rechts in ein enges Seitental ab, welches die von den jähen Halden

· herabstürzenden Gewässer Jahr aus Jahr ein verwüsten, während mit Eindämmungen wohl abzuhelfen wäre. Bald beginnt ein weiteres Steigen und man befindet sich in dem grünen urbinatischen Berglande. Nach vielen Windungen erreichte ich um Mittag das auf einem isolierten steilen Hügel thronende Urbino.

Die Stille in den menschenleeren Strassen und im Wirtshaus, die des beschränkten Raumes wegen hohen Häuser machten den ersten Eindruck zu keinem freundlichen und ebensowenig vermochte die Umgegend mich heiter zu stimmen, so weit ich sie aus dem hoch gelegenen Zimmer über die Dächer hinweg sehen konnte. Ringsum kahle unbewohnte Hügel, über welche Berg hinter Berg der zerklüftete Apennin hinausragt. Eine zerfallene Bastion in der Nähe vervollständigt das düstere Bild. Das hermetisch geschlossene Telegraphenbureau, welches den Achtstundentag eingeführt hat und von 12 bis 3 Uhr geschlossen ist, so dass ich Depeschen weder in Empfang nehmen noch absenden kann, fügen meiner Enttäuschung etwas Missmut hinzu. In den fast durchweg steilen Strassen, die mit Backsteinen besetzt sind, ist ein Wagenverkehr kaum möglich. Die nicht sehr zahlreichen Müssiggänger finden sich auf dem ebenen Gemüsemarkt, wie die Märkte hier zu Lande kurzweg heissen, beisammen. Der Fremdenverkehr ist auf ein Minimum beschränkt, denn ins Fremdenbuch hatten sich seit dem 21. October des vorhergehenden Jahres blos vier Damen nebst drei Architekten aus Amerika und fünf Damen aus England, Genf und Paris eingeschrieben.

Trotz der Enttäuschung empfindet man eine gewisse Rührung bei dem Gedanken, dass man sich in diesem

Urbino befindet, dessen Name so hell glänzt in der Kunst-
und Sittengeschichte des civilisierten Europa. Denn
lediglich der Unerbittlichkeit des Schicksals ist sie erlegen,
die unter der Obhut menschenfreundlicher Regenten berühmt gewordene Stadt. Sie ist der schon vor dreihundert Jahren in der Entstehung begriffenen Centralisation Italiens zum Opfer gefallen, und den seitdem für
sie stets drückender werdenden Nachteilen ihrer örtlichen
Lage in wirtschaftlicher Beziehung. Zu Gunsten ihrer
Regenten spricht, dass sie sich volle fünfhundert Jahre
inmitten der sie umtobenden Stürme haben halten können.
Ihre Reihe beginnt mit Antonio di Montefeltro, der sich
kaiserlicher Vicar nannte. Seine Nachfolger nennen sich
Grafen und später Herzoge, deren letzter, Francesco
Maria II. della Rovere, nach einer siebenundfünfzigjährigen
Regierung, während welcher er die zerrütteten Finanzen
wieder in einen blühenden Zustand brachte, fünf Jahre
vor seinem Tode im Einverständnis mit seinem Volke
zu Gunsten des Kirchenstaates im Jahre 1626 abdankte.

Gewaltsame Störungen erlitt die Reihenfolge der Regenten zwei vorübergehende. Im Jahre 1500 bemächtigte
sich Cesare Borgia mit Hilfe seines Vaters, des Papstes
Alexander VI., der Herrschaft, aus welcher er aber nach
dessen Tode 1503 durch den Herzog Guidobaldo I.
wieder verdrängt wurde. Grossmütig verzieh dieser dem
ins Elend geratenen Usurpator, als beide später in Rom
wieder zusammentrafen, Borgia sich dem frühern Feinde
zu Füssen warf und alle Schuld auf den Vater wälzte.
Und wieder war es ein Papst, Leo X. (1513—1522),
welcher, um seine weltliche Macht zu erweitern, durch
seinen Neffen, Lorenzo de' Medici II., den damaligen

Die Stadt Urbino mit dem herzoglichen Palast von der Rückseite.

Herzog, Francesco Maria I., im Jahre 1517 verdrängen liess. Onkel und Neffe luden hiebei den Makel der Undankbarkeit auf sich. Denn als kleines Kind hatte Lorenzo mit seiner Mutter und dem Onkel Giuliano de' Medici, des Papstes Bruder, als sie nach dem Einfall Karls VIII. von Frankreich im Jahre 1494 aus Florenz verjagt wurden, eine gastliche Zufluchtsstätte bei Francesco Maria's Vorgänger, dem Herzoge Guidobaldo I. gefunden. Aber seine Gewalt übte der Usurpator Lorenzo nur zwei Jahre aus, nach welchen er dem tapfern Francesco Maria wieder weichen musste. Leo X. entblödete sich nicht, sich deshalb in einem Schreiben an Heinrich VIII. von England in unwahren Schmähungen über den Herzog Francesco zu ergehen und um Hilfe gegen ihn zu bitten. Entrüstet schreibt Ugolini, der Biograph des Herzogs Francesco, dass Leo des X. Stelle in der Geschichte trotz seiner Verdienste um Kunst und Wissenschaft keine ehrenvolle sein könne.

Zwei Stätten sucht der Ankömmling in Urbino gerne sofort auf. Die eine, Raphaels Geburtshaus, nimmt meine Feder nur kurz in Anspruch. Es mag sein, dass der liebe Freund in jener steilen Strasse zur Welt kam. Das ordentliche Haus aber mit einer Front von vier Fenstern, deren eines ursprünglich einem andern Gebäude angehört zu haben scheint, schaue ich mit etwas skeptischen Augen an. Die Erztafel hätte ich lieber an einem unscheinbaren alten Häuschen gesehen. Der Freigebigkeit eines Engländers verdankt das Haus seine Erhaltung auf ewige Zeiten.

Die Beschreibung der anderen Stätte, heute noch eine Perle, die jedoch den Glanz verloren hat, vermöchte ein

ganzes Buch zu füllen und hat es auch schon getan.*)
Wie Sigismondo Malatesta zu Rimini, so hat auch sein
glücklicherer Nebenbuhler Federico III. Herzog von Urbino (regierte 1444—1482) durch einen Prachtbau sich
verewigen wollen. Er baute sich in dem berühmten
Palaste eine Ruhmeshalle, welche heute noch nicht nur
ihn, sondern auch die Künstler alle ehrt, welche sich an
dem Baue beteiligt haben, vorab den Architekten Luciano
di Laurana aus Illyrien, welcher dem Herzoge Federico
vom Könige Ferdinand in Neapel empfohlen und gesendet
worden war. Dem bauverständigen Herzoge stand überdies noch der damals aus Florenz verbannte grosse Leon
Battista Alberti zur Seite. Dass auch dessen Landsmann
Baccio Pontelli als Architekt beim Baue mitgewirkt habe,
ist durch Milanesi's Vasari widerlegt worden; wohl aber
hat Pontelli die unvergleichlichen Intarsien und Holz-
schneidereien erstellt.

Der Palast steht nicht frei, da er auf dem Domplatze
mit dem Dome verbunden ist. Die Unebenheit des
knappen Terrains hat mächtige Substructionen erfordert,
welche überaus geschickt ausgenützt worden sind. Eine
freie Gesamtansicht des durchweg im Stil schönster Renaissance gebauten Palastes ist leider von keinem Punkte
aus möglich. Die glatten Mauerflächen bestehen aus
Backstein, die Einfassungen der Fenster und Thüren dagegen, die Gurten, Pilaster, Sockel u. s. w. aus Marmor,
dessen reiche Ornamentik eine unerschöpfliche Fundgrube
für das Kunstgewerbe ist, denn nie wiederholen sich die

---

*) F. Arnold. Der herzogliche Palast von Urbino. 50 Tafeln
mit Text. 1857. — Die Urbino-Litteratur ist sehr umfangreich.

Der grosse Hof im herzoglichen Palast von Urbino.

künstlerischen Motive. Ewig mustergiltig wie diese Ornamentik bleiben auch die schönen Verhältnisse und die edle Einfachheit des innern Hofes. Von den marmornen Säulencapitälen korinthischer und gemischter Ordnung, welche die Monolithen aus Travertin krönen und auf welchen die Gewölbebogen ruhen, gleicht keines dem andern. Eine oberhalb der Säulenhalle um den ganzen Hof laufende Schrift bezeichnet den Herzog Federico III. als den Erbauer, den siegreichen Feldherrn und den Beschützer seines Volkes. Alles ist im grossen und ganzen noch gut erhalten. Hie und da ist den schönen Räumen einiger Schaden durch missbräuchliche Benützung derselben während der zwei letzten Jahrhunderte entstanden. Sein schönstes Kleinod aber verlor der Palast 31 Jahre nach dem Eingehen des Hofes, indem Papst Alexander VII. die durch Francesco Maria II. bei seinem Wegzuge der Municipalität von Urbino geschenkte Bibliothek nach Rom bringen liess, der ausdrücklichen Bedingung des Gebers entgegen. Die Sache verursachte grossen Verdruss unter der Einwohnerschaft, unter welcher es hiess, dass die Wegschaffung heimlich und zur Nachtzeit geschehen sei. Gründer dieser Bibliothek war der grosse Federico III., welcher über dreissigtausend Dukaten an sie verwendet haben soll, zu einer Zeit, da die Buchdruckerkunst noch weniger leistungsfähig war, so dass Manuscripte den wertvollsten Bestandteil bildeten. Wo er nur immer konnte, kaufte der Herzog griechische und lateinische Handschriften und Bücher auf. Sein Zeitgenosse Vespasiano da Bisticci erzählt, dass 30 bis 40 Abschreiber für ihn in Urbino, Florenz und andern Orten beschäftigt waren. Im Sommer wie im Winter

war die Temperatur in der Bibliothek zu Urbino eine
angenehme, zum Studium geeignete. Eine bequeme Auf-
stellung der Handschriften und Bücher erleichterte deren
Gebrauch.

In einer Nische des Treppenhauses befindet sich die
sehr schöne Marmorstatue Federico's. Obwohl sie erst
aus dem Beginn des siebenzehnten Jahrhunderts stammt,
machen die Gesichtszüge den Eindruck, als seien sie natur-
getreu. Federico erscheint hier älter als auf dem Ölbilde
von Piero della Francesca in den Uffizien. Wie unend-
lich verschieden sind die Züge Federico's von denjenigen
seines unruhigen Nebenbuhlers und Nachbarn Sigismondo
Malatesta. Weit eher als den glücklichen Krieger erkennt
man in ihnen den besonnenen Regenten. Aus seinem
noch wohl erhaltenen Privatkabinet lernt man den Geist
des Erbauers kennen, welcher höhern Zielen nachstrebte,
welcher das im Dienste Neapels und Venedigs erworbene
Geld in eine unvergängliche Zierde seiner Vaterstadt
umwandelte und das bescheidene Urbino in ein mit dem
mächtigen Florenz wetteiferndes kleines Athen umge-
staltete. Die Wände dieses Kabinets nämlich sind mit
einem Holzgetäfel bekleidet, dessen eingelegte Arbeit (Intarsia) kaum mehr anderswo ihresgleichen hat. Die Darstellungen beziehen sich auf die Mythologie, die schönen
Künste und die Wissenschaften und sind von einer seltenen Eleganz. Betrachte man z. B. diesen Violinspieler.
Hätte sich dieser Orpheus als eine Kreidezeichnung in
einer bis heute in Urbino verborgen gebliebenen alten
Mappe vorgefunden, so dürfte Rafaels Geburtsort sich
rühmen, in den Besitz einer Originalzeichnung des
grossen Meisters gelangt zu sein, ohne dass die Kritik

dem widersprechen würde. Denn durchaus rafaelisch ist die Anmut dieses Bildes. Nun aber handelt es sich um eine in Holz eingelegte und höchst wahrscheinlich in jenen Jahren entstandene Arbeit, welche der Vertreibung Guidobaldo's I. aus Urbino durch Cesare

Ein Violinspieler als Orpheus.

Borgia im Jahre 1500 vorausgingen. Zwar hielt sich Rafael damals noch in Urbino auf, denn er siedelte nicht vor Ende 1499 oder erst 1500 nach Perugia über. *)

---

*) Später besuchte Rafael seine Vaterstadt noch drei Male, jedesmal nur auf kurze Zeit. Es war dies in den Jahren 1504, 1506 und 1507.

Aber damals kaum siebenzehn Jahre alt, nachdem er
den Vater, seinen ersten Lehrer, 1494 verloren hatte,
befand er sich noch in den Lehrjahren. Sein zweiter
Lehrmeister, um fünfzehn Jahre älter als er, war der
im Jahre 1495 von Bologna in seine Vaterstadt zurück-
gekehrte Timoteo Viti. Die beiden Urbinaten waren,
was Gemüt sowohl als künstlerische Anlage und Auf-
fassung betrifft, einander verwandt; ihre Freundschaft
führte sie später zu gemeinsamer Arbeit in Rom zusammen, bis Viti der Sehnsucht nach der Heimat nicht
mehr widerstehen konnte. Aus den von Viti noch vorhandenen Gemälden und Zeichnungen geht deutlich hervor, welche tiefen Eindrücke er in Rafael hinterlassen
hat, oder, wohl besser gesagt, wie sehr Rafael alle
Eigenschaften besass, um Viti's Kunstweise weiter zu
verfolgen. Nach dem zwar Wenigen, was ich bis heute
von Viti's Arbeiten gesehen, nach dem Vielen aber, was
ich über sein Verhältnis zu Rafael in Morelli's «Kunst-
kritische Studien über italienische Malerei. Leipzig 1893»
gelesen habe, hege ich die Überzeugung, dass nur Viti
die so rafaelisch angehauchten Zeichnungen zu meinem
Geiger wie zu andern dieser schönen, von Baccio Pontelli geschnittenen Intarsien im Palaste zu Urbino geliefert haben kann. Vasari unterstützt mich, wenn er an
dem «gagliardo designatore», wie er Viti nennt, die
«grazia veramente angelica» rühmt und beifügt, dass er
für den herzoglichen Hof nicht nur Gemälde, sondern
auch andere zierliche Arbeit in den Zimmern ausführte,
«e fece alcuni ornamenti di camere, che sono bellissimi».
Über den mir sympathischen Timoteo Viti sagt Vasari
leider weniger als man gerne wünschte.

Staunenswert wie diese Intarsien sind auch die
Holzschnitzereien in der an dieses Kabinet anstossenden
Hauskapelle. Diese zwei Räume sind die einzigen in
dem verwaisten Palaste, welche eine noch etwas behagliche Stimmung aufkommen lassen. Die völlige Nacktheit
der Wände in den Prunksälen, aus welchen die Gobelin-
tapeten geraubt wurden, dämpft den Genuss, welchen die
prächtige Ornamentik an den Kaminen und die Wand-
friese bieten sollten. Man kann sich des Eindruckes
nicht erwehren, dass Rafael in seiner Jugend hier manche
Anregung empfangen und später in den Loggien des
Vaticans verwertet hat.

Einen Blick ins Freie zu werfen, bestieg ich einen
der zwei runden Türme, welche den äussern Hof flan-
kieren. Das Mauerwerk, die dreihundert Stufen, die
Zinnen sind von sorgfältigster Arbeit und noch wie neu.
Von diesen Türmen und so auch von der Fortezza aus
erstreckt sich die Aussicht über die Berge hinweg,
welche das Thal mit der Strasse nach Pesaro einfassen,
bis zum Fels von San Marino. Die gänzliche Baum-
losigkeit der Umgegend fällt höchst unangenehm auf.
Von den frühern Wäldern, von denen irriger Weise die

gedruckten Führer bisweilen noch sprechen, ist keine
Spur mehr da. Verfallen ist die Loggia, welche die zwei
Flügel auf der Ostseite verband und den Garten abschloss,
auf dessen Rasenplätzen zu Federico's und seiner Nach-
folger Zeiten eine glänzende Gesellschaft bei muntern
Spielen sich ergötzte. Nun wuchert dort hohes Unkraut.

Die Melancholie zu verscheuchen, suche ich an der
Hand von Baldassar Castiglione, dem Verfasser des «Cor-
tegiano», jene Gesellschaft auf, welche in den kurzen
Tagen, da es im hohen Urbino frisch wird, nach Tisch
in den Prunksälen sich beisammen findet. Man gruppiert
sich um die schönen Kamine, in welchen prasselnde
Feuer empor lodern, zu denen die Holzblöcke heute nicht
mehr in den nahen Hügeln zu finden wären. Der Hof
von Urbino, einst der gastlichste in Italien, war ein
Stelldichein der ersten Geister, ein Ort, der auch auf
Gelehrte und Künstler seine Anziehungskraft ausübte,
dazu ein Zufluchtsort für Verbannte und Verfolgte. Von
Federico an bis zum letzten der Herzoge ist Gastfreiheit
dort Sitte geblieben. Wie grossartig sie muss geübt
worden sein, davon später. Viele der Gäste wurden dort,
man kann sagen, heimisch.

Mein Begleiter Baldassar, mein Freund, seitdem ich
im Jahre 1837 im Louvre zum erstenmal in dem von
Rafael gemalten Bilde ihn als einen mild- und edelge-
sinnten Mann habe kennen lernen, stand eine Zeit lang
in einem freundschaftlichen Dienstverhältnis zu dem Herzoge Guidobaldo I. (1482—1508) und seinem Nachfolger
Francesco Maria I. (1508—1538). In seinem Buche
entwickelt er nicht nur einen feinen Sinn für gesell-
schaftlichen Umgang, sondern auch umfassende Kennt-

Zugemauertes Portal an der Fassade des herzoglichen Palastes in Urbino.

nisse. So z. B. in einem lehrreichen Briefe an seinen
Freund Don Michel de Silva ergeht er sich über das
Zulässige und Nichtzulässige in der italienischen Sprache.
Seine Thesen über Freundschaft, Liebe, Scherz, Politik
u. s. w. weiss er mit Beispielen aus der gesamten Geschichte zu würzen. Ein solcher Mann war ein wert-
volles Element in der Gesellschaft am Hofe. Er konnte
überall seinen Mann stellen, bald zu Guidobaldo sich
haltend, welcher seiner Kränklichkeit wegen gerne das
Geräusch mied und sich früh in sein Studierzimmer
zurückzog, bald der Herzogin Elisabetta Gonzaga zur
Seite stehend, welche mit grossem Geschicke und leichtem
Scherze keine Überschreitungen der fröhlichen Laune
aufkommen liess.

Nun hat sich mein Freund im Geiste zu mir gesellt,
und ich vergesse die Totenstille in den kahlen Räumen,
denn ich vergegenwärtige mir die von ihm redend ein-
geführten Koryphæen der Gesellschaft; unbeschadet eines
möglichen Anachronismus glaube ich diese oder jene zu
erkennen, höre des seit 1494 aus Florenz vertriebenen
Lebemannes Giuliano de' Medici laute Stimme, werde
durch das violette Priestergewand auf den galanten Kardinal Bibbiena, den Autor der geschmacklosen Calandra,
aufmerksam, wie er in Mitte eines bezaubernden Damen-
kreises sich zu schaffen macht, während der wohl nicht
ungalante, dabei gelehrte Bembo in einer litterarischen
Erörterung mit der Duchessa begriffen ist. Etwas abseits
machen Tizian und Lodovico Ariosto*) ihre Glossen;
Dichter und Maler verstehen sich gut zusammen. Ich

---

*) Ariosto's Bild ist als Basrelief im Saale der Engel vorhanden.

sehe den phantasievollen Dichter des Orlando furioso
den Pfeil spitzen, welchen er, nicht unverdient, in seiner
Satira III auf den Medici abschiesst, welcher von der
Gastfreiheit am Hofe einen gar zu weiten Begriff gehabt
hatte, zugleich entgeht mir nicht, wie sein Kumpan,
der Meister im Colorit, mit scharfem Auge die schönen
Frauen nicht nur, sondern auch ihren in allen Farben
funkelnden Putz mustert, denselben an seiner «Bella» im
Palazzo Pitti zu verwerten. Und wessen sind jene harten,
mir unheimlichen Züge? Es sind die jenes Lästerers,
der über Alle lästerte, nur über Christus nicht, «weil er
ihn nicht kannte,» wie er selbst sagte. Alle sind ihm
freundlich. Mit Pietro Aretino will es keiner verderben,
auch Francesco Maria nicht.

Und kenne ich denn keine der Damen, oder ist mein
Auge geblendet von so vielen der Kunst eines Giorgione
würdigen Gestalten? Eine ja, tritt mir von ferne als eine
früher Bekannte entgegen. Ist's möglich! Wie erkläre
ich mir dieses Zusammentreffen? An den Arm ihres
nunmehrigen Gemahls gelehnt, des zu dem Herzoge in
verwandtschaftlicher Beziehung stehenden Alfonso d'Este
von Ferrara, erblicke ich die noch immer durch ihre
Anmut fesselnde Lucrezia Borgia, die Schwester des
Schrecklichen, welcher einst diese Räume entweiht hat.
Schwere Anschuldigungen haben auf dieser Frau gelastet,
deren Geschichte mit derjenigen des Vaters und des
Bruders verflochten ist. Roscoe und seither noch mehr
Gregorovius haben sie in Schutz genommen. Zeitgenös-
sische Schriftsteller haben die in vierter Ehe zur Estenserin
gewordene als eine Beschützerin der Künste und Wissenschaften und als ein Muster einer mildthätigen Frau hin-

gestellt.*) Und als eine solche Frau, und nicht nur ihrer Schönheit wegen hat Ariost, welcher sie am Hofe zu Ferrara sah, sie besungen. Thatsache bleibt, was Virgil in der Aeneïde IV 173 sagt:

„Fama, malum qua non aliud velocius ullum.
„Mobilitate viget viresque adquirit eundo."

u. s. w. bis 188. Kein Übel wächst rascher als Klatsch.

Der Urbinate empfindet es schwer, dass seine Stadt, nach deren Namen Rafael oft genannt wird, kein einziges Gemälde von ihm besitzt. Aber ihn zu ehren, die Erinnerung an den grossen Mitbürger lebendig zu erhalten, wurde im Jahre 1869 unter den Auspicien des Conte Cav. Pompeo Gherardi ein Kunstverein gegründet, die ‹Regia Accademia Rafaello›, welcher im Palazzo ducale zwei der schönern Säle zu geselligen Zusammenkünften und Aufbewahrung von Kunstgegenständen und einer kleinen Bibliothek eingeräumt worden sind. Ehemals schmückten Gobelins einheimischer Manufactur die Wände. Statt jener sind nun moderne Tapeten da, und zwar nur bis zur halben Zimmerhöhe, was in diesen Räumen, wo alles monumental ist, einen widerlichen Eindruck macht. Zu Lebzeiten der Herzoge prangten in diesen Räumen zwei von der Hand Tizians gemalte Bilder derselben und zugleich auch eines der berühmtesten Werke dieses Künstlers, jene edle Dame, welche eine der Zierden am Hofe

---

*) Sismondi verurteilt sie, indem er seine Quellen angibt. Der dritte Gemahl war auf der Treppe vor St. Peter aus der Welt geschafft worden. Alfonso soll sie nur aus Furcht vor den Borgia geheiratet haben.

Francesco Maria's I. war, und welche nun als angebliche «Venus» zu den Edelsteinen der Tribuna in den Uffizien zu Florenz gehört. Das Bild des genannten Herzogs malte Tizian im Jahre 1537, und dasjenige seines Nachfolgers, des Herzogs Guidobaldo II., acht Jahre später. Letzteres ist verloren gegangen, während das erstere unter Nr. 605 in der Galerie des Louvre sich befindet. Es zeigt den Mann heftiger Leidenschaft und rascher That; tötete er doch, erst siebenzehn Jahre alt, den Geliebten seiner Schwester. Technische Kenntnisse mit Tapferkeit verbindend trat er in den Sold des Papstes, Karls V. und Venedigs. Französisches Gift soll ihn 1538 weggerafft haben. Tizian zu Liebe, schreibt Bembo, hätte er Alles gethan. Er rüstete den Maler zur Weiterreise nach Rom aufs beste aus und begleitete ihn zu Pferde bis nach Pesaro.

Nicht nur durch politische, auch durch ökonomische Krisen hat der Hof von Urbino sich durchkämpfen müssen. Das Gebiet war kein grosses, und Federico III., wenn er auch als glücklicher und was selten, treuer Condottiere viel Geld ins Ländchen brachte, hatte seinen Nachfolgern viel zugemutet, wenn sie in dem von ihm erbauten grossen Palazzo auf demselben Fusse zu leben, wie er, fortfahren sollten. Einer im Vatican befindlichen Handschrift zufolge gehörten nämlich zu seinem Haushalte 335 Personen, worunter 26 der Herzogin und dem Erbgrossherzoge zugeteilte Lakaien, 16 Hausfreunde, 17 Edelleute, 15 Grafen, 10 Sekretäre, 11 Kanzlisten, 6 Buchhalter und Kassiere, 5 Vorleser, 16 Pagen, 16 Tischbediente, 134 Knechte, dann noch Sänger, Fechtmeister, Tanzmeister, Weinschenke, Stallmeister u. s. w. Schon

Guidobaldo I. (1482—1508), sagt sein Geschichtsschreiber Baldi, geriet infolge des an ihm durch Cesare Borgia verübten Verrates, indem dieser ihn seiner ihm aus Herablassung für den Papst überlassenen Infanterie und Artillerie beraubt und ihn darauf zu schleuniger Flucht genötigt hatte, in die Klemme. Die daraus entstandenen Wirren hatten ihn und das Land so erschöpft, dass er in die Lage kam, nicht einmal dem nach Borgia's Vertreibung in seine Vaterstadt zurückgekehrten zwanzigjährigen Rafael hilfreich beistehen zu können, sodass es seine Schwester war, die Herzogin Giovanna Feltria della Rovere, welche des jungen Freundes sich annahm. Sie soll ihm im Oktober 1504 das bekannte Empfehlungsschreiben an den Gonfaloniere Pier Soderini in Florenz mitgegeben haben. Meine Freude an diesem Briefe, den ich zuerst in «Passavants Leben Rafaels» gelesen habe, ist mir seither durch einen Aufsatz von A. v. Reumont im Zahn'schen Jahrbuch für 1868 getrübt worden. Der Brief soll nämlich oder könnte wohl unecht sein.

Ewiger Ruhm gebührt dem letzten der Herzoge, welcher, wie schon erwähnt, die zerrütteten Finanzen wieder in Ordnung brachte und dem Staate die Schande eines Bankerottes ersparte. Aber auch ungeachtet des wirtschaftlichen Missbehagens scheint die traditionelle Gastfreiheit am Hofe keine Einbusse erlitten zu haben. Sie führte bisweilen Zwischenfälle mit sich, welche dem Gastgeber nicht gerade willkommen sein mochten. Ein unruhiger Gast, welcher Francesco Maria II. viel Ungemach bereitete, war Torquato Tasso. Am ferraresischen Hofe hatte der phantasievolle Dichter der Gerusalemme

10

liberata in der beiden Schwestern des Herzogs Alfonso, Lucrezia und Leonora, Gunst gestanden. Als Lucrezia Herzogin von Urbino geworden, wurde Tasso von ihr eingeladen, sein eben von ihm vollendetes Schäferspiel «Aminta» am Hofe vorzulesen. Darüber aber wurde der Dichter selbst zum Schäfer. Er überschüttete die schöne Herzogin mit Gedichten, welche ihre Wirkung nicht verfehlten, denn sie wurden Ursache des Zerwürfnisses zwischen dem herzoglichen Paare, so dass die Herzogin, als Tasso nach Ferrara in seine Stellung am Hofe zurückgekehrt war, sich, sei es vielleicht auch nur aus Eifersucht gegen die daselbst verbliebene Schwester, dorthin zurückzog. Tasso war von Natur reizbar und argwöhnisch, scheint auch seine Stellung misskannt zu haben. Denn eines Tages, im Jahre 1577, vermass er sich, einem Diener am Hofe ein Messer nachzuwerfen. Die kurze Haft, welche dieses Vergehen ihm zuzog, dämpfte seinen Übermut nicht. Lucrezia sah sich genötigt ihm ihre Zimmer zu verschliessen. Trübsinnig entfernte sich der Dichter vom Hofe, er irrte im Lande umher und gelangte über Venedig in einem elenden Zustande wieder nach Urbino, wo der gute Francesco Maria und seine Schwester, die treffliche Lucrezia della Rovere, ihn liebreich aufnahmen. Unter der letztern Pflege genas der unterwegs Erkrankte, wofür er seiner Wohlthäterin in einem hübschen Madrigal seinen Dank ausdrückte. Von Urbino kehrte Tasso über Piemont an den Hof Alfonso's nach Ferrara zurück, wo er sieben Jahre mit Geistesgestörten in Verwahrsam gehalten wurde. Lucrezia d'Este that nichts, ihm während dieser Zeit Erleichterung zu verschaffen. Er starb am 25. April 1595, Lucrezia drei Jahre darauf, ohne

an den Hof in Urbino zurückgekehrt zu sein. Vergeblich
hatte Carlo Borromeo versucht eine Versöhnung zwischen
dem getrennten Paare herbeizuführen. Ob des Todes der
undankbaren und treulosen Frau gab man sich in Urbino
keinem Jammer hin. Die Wiedervermählung dagegen
des Herzogs Francesco Maria II. im Jahre 1599 mit
Livia, der bescheidenen Tochter des Ippolito della Rovere,
bereitete allgemeine Freude.

Dies in knappsten Zügen die geschichtlichen Beziehungen des unglücklichen Dichters zu den Höfen von
Urbino und Ferrara, wie Herr Gherardi, der Verfasser
eines Führers durch Urbino, sie erzählt.

Über Tasso's Gerusalemme werden trotz des darin
dem heutigen Zeitgeiste nicht mehr Zusagenden unsere
Nachkommen vielleicht den Tasso Goethe's vergessen.
Dem Goethe's Tasso zu Grunde liegenden Stoffe würde
eine Einkleidung in Romanform wohl besser angestanden haben. Die prächtige Diction, die Urbanität
im Ausdrucke, die interessanten seelischen Vorgänge
entzücken zwar noch heute Alle, welche mit Ruhe
dieser Lektüre sich hingeben können. Aber schon jetzt,
nach hundert Jahren, will uns das Salbungsvolle der
vielen eingeflochtenen Sittensprüche, die viele Reflexion
und Gemessenheit nicht mehr recht gefallen. Wir sind
realistischer geworden und verlangen mehr Handlung.
Goethe selbst würde heute einen Tasso anders dramatisieren.

Eine Stadt mit einer solchen Vergangenheit wie Urbino kann nicht eine völlig tote sein. Zu ihrer Ehre sei
gesagt, dass sie vaterländisch und edel gesinnter Männer
in ihren Mauern noch genug besitzt, deren Bestreben es

ist, die vorhandenen Kunstdenkmäler unversehrt und die
historischen Erinnerungen wach zu erhalten und nach
Massgabe der bescheidenen, ihnen zur Verfügung stehenden Mittel den Jüngern der Kunst hilfreich beizustehen.
Auf freiwillige Leistungen ist zum Theil das von der
Regierung 1861 ins Leben gerufene «Instituto delle belle
arti delle Marche» angewiesen, in welchem Malerei, Baukunst und Sculptur gelehrt werden. Das Gebäude be-
herbergt ein Museum für Antiquitäten und Gypsabgüsse
und eine kleine Galerie nebst Bibliothek. 20,000 Lire
jährlich sind der Stadt Urbino bewilligt, um das Institut
in gedeihlichem Gange zu erhalten und überdies die Universitätsbibliothek mit dem Nötigsten zu versehen. Dieser
Kredit ist wohl klein, indessen dadurch zu entschuldigen,
dass gar vieler Orten im wiedererstandenen Italien der
Staatsschatz für die Förderung geistiger Interessen in
Anspruch genommen wird.

An der Universität zu Urbino wird von 15 Docenten
Jus, etwas Medicin, Pharmaceutik und Entbindungslehre
dociert. Von den 21 Universitäten Italiens ist sie die
kleinste. Im Jahre 1892 war die Frequenz der Universitäten folgende:

	Studenten	Zuhörer		Studenten	Zuhörer
Neapel	4592	149	Modena	335	2
Turin	1977	36	Messina	328	17
Rom	1484	51	Parma	302	4
Padua	1312	18	Siena	204	16
Bologna	1300	23	Macerata	136	20
Palermo	1138	34	Sassari	120	1
Pavia	1117	6	Perugia	181	14
Genua	955	—	Camerino	93	7
Pisa	686	11	Ferrara	68	8
Catania	604	12	Urbino	63	4
Cagliari	158	6			

Die zehn letzten sollten eingehen, allein die Regierung stösst auf Widerstand. Die Universität in Urbino besitzt wenig Studenten, dafür aber eine an Gehalt bedeutende Bibliothek. Sie zählt in fünf Sälen 25,000 Bände, ist reich an Incunabeln, namentlich venetianischen, an Werken über Baukunst und an Handschriften, worunter eine von Petrarca. Wie gerne hätte ich mir in diesen geweihten Räumen wie in den andern dieser Art, welche ich besucht habe, unsern zu frühe verstorbenen Freund, Dr. Ludwig Sieber, unsern findigen Bibliothekar, als Begleiter gewünscht.

Mein Cicerone liess mir keine Ruhe. Durchaus wollte er mich noch nach dem Palazzo Albani bringen, wozu ich, schon etwas müde, um so weniger Lust hatte, als Gsell-Fels desselben nicht erwähnt. Der Palazzo ist allerdings ein sehr gewöhnliches, nun unbewohntes Gebäude mit zehn Fenstern in einer durch einen stumpfen Winkel gebrochenen Front. Nach mehrmaligem Läuten erschien endlich ein schwarz gekleideter höflicher Herr,

dem es ein Vergnügen zu machen schien, mich durch
die vielen Räume zu führen. Herrn Dott. Andrea Valenti
statte ich hiefür nochmals meinen verbindlichen Dank
ab. Ausser einer der historischen Bilder wegen nicht
wertlosen Gemäldesammlung, welche meistens aus Copien
bestehen mag, enthält der Palast die im 17. Jahrhundert
von Orazio Albani gestiftete und vom Cardinal Annibale
Albani bereicherte Bibliothek. In Schränken, hinter
Drahtgittern wohl verwahrt, befinden sich an 6000 prächtig
in Kalbleder oder Pergament gebundene alte Drucke
aus allen Druckereien Europa's, worunter auch unsere
Basler. Die 30 kniehohen Folianten Muratori, wie
wenn gestern aus der Mailänder Officin hervorgegangen,
erregten mein Gelüste. Dort sind sie wie alles Übrige
wie begraben. Der Palast und sein Inhalt sind nämlich
ein Fideicommiss der in Mailand lebenden Familie Ca-
stelbarco Albani; nichts darf aus Urbino entfernt werden.
Vielleicht ist es so einstweilen besser.

Als in der Galerie Herr Valenti, auf ein Bild zeigend,
es als dasjenige des Duca de Valentino (Cesare Borgia)
bezeichnete, rief ich aus: «davvero?» «Sicuro», antwortete
er, und ich liess mir's gefallen, hatte doch der Bösewicht,
und einen solchen stellte dies Bild dar, auch in Urbino
einst gehaust. Zudem ist ja die Unechtheit des vor-
mals im Palazzo Borghese, nun im Besitze des Banquiers
v. Rothschild in Paris befindlichen Borgia-Bildes erwiesen;
nach dem was schon der Autor des Cicerone und in
neuerer Zeit auch Giovanni Morelli (Lermolieff) darüber
geschrieben haben, kann es nur unbegreiflich erscheinen,
dass der Pseudo-Borgia der Galerie Borghese das Publikum
so lange hat mystificieren können.

Überzeugt, den wirklichen Cesare Borgia entdeckt zu haben, sandte ich nach in Mailand eingeholter Ermächtigung den mir bekannten Photographen Trevisani von Rimini nach Urbino, um das Bild zu photographieren. Wie gross war aber meine Enttäuschung, als mir der Photograph das, hier in Kupferätzung wiedergegebene Bild Cesare Borgia's (s. Beilage) sendete, welches ebenfalls

Cesare Borgia.
Nach dem Ölgemälde in Pennabilli.

aus der Sammlung Albani stammt, in Urbino allgemein als dasjenige Borgia's gilt, und von mir nicht beachtet worden war. Meine Reklamation beim Photographen führte zu nichts weiter, als dass ich zum Beweise, dass er wohl den richtigen Borgia photographiert habe, durch seine Vermittlung noch die Photographie Cesare Borgia's (s. obigen Holzschnitt) erhielt, deren Original sich in den

Händen des Herrn Giov. Bocchi in Pennabilli befindet. Seine Vorfahren, schrieb mir dieser, brachten es an sich, als zu Anfang des Jahrhunderts die Grafen von Carpegna einen Theil der Wohngebäude des in ihrem Besitze befindlichen alten Schlosses der Fürsten von Scavolino (Montefeltro), eines zur Zeit der Borgia mächtigen Geschlechts, nieder- reissen liessen und alles darin Befindliche verkauften. Diese beiden Bilder nun stellen offenbar einen und den- selben schönen Mann dar, als welcher Cesare Borgia be- rühmt war. Ihr Standort lässt keinen Zweifel über ihre Echtheit aufkommen. Diese wird noch durch weitere Bilder bestätigt, welche, obschon im Ausdrucke von dem dieser beiden sehr abweichend, da sie grosse Tücke und Wildheit verraten, dennoch in den Hauptzügen mit den- selben übereinstimmen. Das eine ist das oben genannte, von mir im Pal. Albani gesehene; es stellt den Borgia in herausfordernder Haltung, aber mit einem einfachen Wams oder Kittel angethan und einer Mütze von gleicher Farbe dar. Von einem andern ebenfalls einfach gekleideten (vestito alla libera) Cesare Borgia sah Herr Bocchi, wie er mir schrieb, die Photographie beim Sindaco in Urbino. Eine Copie davon zu erhalten, war mir so wenig möglich wie von dem erstern. Wo das Ölbild sich befindet, wusste der Sindaco, Herr Bussi, nicht anzugeben. Hingegen konnte er mir die auf der Rückseite des Bildes befind- liche Schrift mittheilen. Sie lautet:

„Cesare Borgia, Urbini ducatus invasor, qui XI Kalend. „Quintil. (21. Juni) anno 1502 Guidoni Ubaldo I Montefel. Duci „optimo, simulata amicitia, inopinata fraude statum rapuit, expilavit „retinuitque, donec anno 1503 sub septembris initium in ditionem „suam Dux ipse redegit. Titianus pinxit. Jeronimus Falascus „Urbinas . . . . . — def. 1613."

Herr Bussi meint, das von Tizian (?) gemalte Original
zu dieser Copie von einem Falaschi habe zur Bilder-
sammlung der Herzoge von Urbino gehört. Der Schrift
zufolge, welche die Güte des Guidobaldo I. hervorhebt,
welcher durch Borgia nach geheuchelter Freundschaft un-
versehens auf trügerische Weise seines Gebietes beraubt
worden sei u. s. w., dürfte sich dieses allerdings so verhalten haben.

Mein Photograph schrieb mir noch über zwei weitere
im Urbinatischen vorhandene Borgia-Bilder, ohne mir
jedoch den Standort mit Bestimmtheit anzugeben. Von
dem einen sandte er mir die Photographie nebst dem
Negativ, jedoch in unbrauchbarem Zustande. Auch auf
diesem Bilde, welches den Borgia im Ornat darstellt, ist
der Ausdruck des Gesichtes ein teuflischer.*)

Ich vermute, dass diese letztern Bilder, von den
zwei dem Leser vorgeführten so verschieden, eine Art
Spottbilder waren, dazu bestimmt, den Bösewicht zu
verhöhnen, welcher mit der Konnivenz seines Vaters, des
Papstes Alexander VI., des Spaniers (1492—1503) so
vieler Missethaten sich schuldig gemacht hat, als nur je
der Wüterich Sigismondo Malatesta. Aus kalter Be-
rechnung liess C. Borgia seinen ältern Bruder in den
Tiber werfen, die sich ihm vertrauenden Manfredi von
Faënza, den Vater und die zwei Söhne, durch Gift aus
dem Wege räumen, und seine fünf besten Befehlshaber
nach der Einnahme von Sinigaglia erwürgen, während

---

*) Wie sich die hier besprochenen Bildnisse Cesare Borgia's zu
den anderwärts, so z. B. in England befindlichen verhalten, weiss ich
nicht, da ich letztere nicht kenne.

sein Vater, denselben Zweck beabsichtigend, alle Orsini, deren er zu Rom habhaft werden konnte, umbringen liess. Wer nicht davor zurückschaudert, den von der Natur reich ausgestatteten, zu einem Scheusal gewordenen Cesare Borgia in all' seiner Verworfenheit kennen zu lernen, lese die betreffenden Kapitel in Sismondi's Geschichte Band IX und X. Wie nicht immer in der Geschichte, blieb für Cesare Borgia*) die Strafe nicht lange aus, denn rasch nach des Papstes Alexander VI. Tode im Jahre 1503 durch Gift, welches er Andern bestimmt hatte, brach die Herrschaft des Sohnes zusammen. Nach siegreichem Kampfe wurde der von ihm verdrängte Urbinate in seine Rechte wieder eingesetzt.

An Urbino sollte meine schönste Erinnerung an diese Reise sich knüpfen, ungeachtet des ersten ungünstigen Eindruckes, den ich beim Betreten der wie ausgestorbenen Stadt erhalten hatte, und der unfreundlichen Begrüssung durch ein sofort nach meiner Ankunft sich entfesselndes Gewitter. Noch jetzt sehe ich, in den hoch gelegenen Essraum mich versetzend, die Blitze in die nächsten, wie in die entferntesten Berge des in Dunkel gehüllten Apennins hinein leuchten. Nach einer Stunde war der Donner verstummt, aber der Regen dauerte fort, was wohl auch anfänglich meine etwas unbefriedigte Stimmung beeinflusst haben mag. Doch auch mein Friedrich teilte meine Eindrücke und er findet heute noch unsern Jura und seinen Schwarzwald viel freundlicher als die öde Umgebung Urbino's.

---

*) Nach vielen Wechselfällen fand Cesare Borgia im Jahre 1507 seinen Tod bei der Belagerung von Viana in Spanien.

Ein wolkenloser Himmel dagegen begrüsste mich am folgenden Morgen, und auch wolkenlos erschien gewiss meine Stirn meinem Famulus, als er freundlich lächelnd auf meinen Ruf ins Zimmer trat, in seiner Hand einen «Maien», den er mir im Auftrage meiner lieben Frau als ihren Gruss zu meinem Geburtstage überreichte. «Das glich wieder einmal der Frau Vischer-Merian», höre ich einige meiner Leserinnen ausrufen, und sie haben recht. Solche liebenswürdige Überraschungen bin nicht ich allein an ihr gewohnt. Und mein Custode gab auch seinerseits seinen Wünschen um mein ferneres Glück Ausdruck in einem Sträusschen, zu welchem er in der Frühe den spärlichen, noch winterlichen Blumenflor auf der Bastion hatte absuchen müssen. Er hatte grosse Mühe gehabt, abends vorher sich des ihm bei unserer Abreise von seiner Gebieterin im geheimen gewordenen Auftrages zu erledigen, da es in Urbino keine Gärtner gibt. Er musste den Kellner aufbieten, um aus Flieder, Vergissmeinnicht, Glycinen und einigen Gräsern den bescheidenen Strauss zu Stande zu bringen, der mir diesen fünften Mai zu einem unvergesslichen gemacht hat.

V.

ALINDA.

m ein geträumtes süsses Phantasiegebilde ärmer geworden, verliess ich Urbino. Liebliche oder wertvolle Erinnerungen, welche an einer Stätte haften, pflegen dieser eine gewisse Weihe zu geben. Eine solche vermisste ich aber hier, hatte doch · die düstere stille Stadt und deren öde Umgebung mich in meinen Erwartungen gar zu sehr getäuscht. Nicht hier, sagte ich. mir, hat mein Freund Rafael die Eingebung zu den ländlichen Scenerien empfangen, welche uns in seinen Gemälden von ferne freundlich begrüssen, sondern im schönen Umbrien, dem ich nun zueilte.

Der Regen war einer herrlichen Sonne gewichen, deren Glanz den Gegensatz zwischen den Farbentönen der grünen Natur und denen der bräunlichen Stadt noch verschärfte. Das rasende Tempo, in welchem wir den Berg hinabfuhren, brachte uns bald wieder in das Thal des Metaurus. Diesen überschritten wir da, wo der Candigliano sich mit ihm vereinigt. Dem Laufe dieses letztern folgend gelangten wir bald in die Furlopässe, jenem tiefen Einschnitte im Gebirge, der sich schon von Fano

aus so bemerkbar macht. Durch steile Felswände bricht
sich der Waldstrom die Bahn, und in der Höhe folgt ihm
die alte, nun neue Via flaminia, welche der Peutinger'schen
Tafel zufolge heute noch von Fano aus über Fossombrone
(Foro Sempronii) die gleiche Richtung einschlägt, wie sie
das unter Kaiser Severus (oder Theodosius II.?) gefertigte
Verzeichnis der Orte an jener Militärstrasse des west-
römischen Reiches angibt. Da wo die Felsen das Thal
gänzlich sperren und nur dem Flusse in der Tiefe Durch-
lass gewähren, fährt man durch einen unter Kaiser Ves-
pasian ausgehauenen Tunnel, über dessen Eingang noch
die römische Inschrift leserlich ist. Zur Zeit der Republik mag man sich, ähnlich wie später bei der Donau oberhalb des eisernen Thores, mit einer in den Felsen getrie-
benen Holzgalerie beholfen haben. Auf geraumer Strecke
verschwindet nun alles Grün, dagegen ist die purpur-
rote Blüte des Cercisstrauches (Judasbaumes), welcher aus
dem weissen Kalkfels wie hervorquillt, von hübscher
Wirkung. Wo die Thalsohle breiter wird, tritt als-
bald der Maulbeerbaum wieder auf und deutet die
Nähe eines Gehöftes an. Vor einem solchen hält der
Vetturin. Er holt sich daraus ein Paar Ochsen, welche
der Besitzer vor die Pferde spannt, denn diese allein ver-
möchten nicht den steilen Berg zu überwinden, an dessen
Fusse wir angekommen sind. Dem eifrigen Zwiegespräche
der beiden Lenker höre ich mit Interesse zu. Auf der
Höhe angekommen verlässt uns der Helfer in der Not
mit freundlichem Grusse, nachdem er von seinem Lands-
manne einiges Kupfer, von mir mit frohem Danke ein
Silberstück empfangen hat. Nur zu rasch nähern wir
uns dem Ziele, denn die herrliche Luft und die staub-

freie Strasse machen die Fahrt durch die unbekannte Gegend zur angenehmsten. Wir überschreiten eine Brücke, in deren von grossen verwitterten Steinblöcken eingefasster Zufahrt Überbleibsel der alten Römerstrasse zu erkennen sind, und befinden uns schon am frühen Abend in Cagli (Ad Calem), dem einzigen Orte, wo innerhalb dieser bis Gubbio sich erstreckenden Pässe ein Nachtquartier zu finden ist, und zwar ist es ein solches, dass man es gerne an ein Zelt vertauschte. Mit Cagli ging es mir umgekehrt wie mit Urbino. Mitten in diesem bergigen Apennin hatte ich einen armseligen Ort erwartet. Statt dessen fand ich in freundlicher freier Lage ein sauberes Städtchen, welches ein Fluss und einige Mühlen beleben und das die Kosten für die Anlage eines mit Bäumen bepflanzten Corso und den Bau eines mit den Büsten Garibaldi's, Mazzini's, Cavours und Victor Emanuels geschmückten Theaters nicht gescheut hat. Dank dem Wasser des Candigliano ist das Theater elektrisch beleuchtet; die drei bequem eingerichteten Ranglogen desselben zu füllen, bedarf es wohl noch des Zuzuges aus den nicht sehr weit entfernten Ortschaften Acqualagna und Pergola, denn Cagli zählt blos 11,000 Einwohner. Nach Pergola führt seit kurzer Zeit eine schöne Strasse im Anschlusse an diejenige von Sassoferrato nach Sinigaglia, und mit Acqualagna besteht seitdem ich dort war eine Verbindung mittelst der Schmalspurbahn von Fabriano nach Urbino, welche allerdings Cagli nicht unmittelbar berührt. Man weiss ausserhalb Italiens nicht, wie viel hier zur Belebung und Verbesserung des Verkehrs geschieht. Die Wege durch die Furlopässe haben seit 1889 eine durchgreifende Correction erfahren. Der Zustand dieser Verbindungen der adriatischen Küste mit Umbrien ist ein mustergiltiger. Urteilt man über diesen Teil des Apennins nach den Landkarten, so macht man sich einen falschen Begriff davon. Der Apennin ist bei weitem nicht so unfreundlich und unwegsam, als die vielen schwarzen Schraffierungen der Landkarten ihn erscheinen lassen.

Das auf den Karten oft schwer zu findende Städtchen Cagli mit seinen sieben Kirchen und Oratorien, von bewohnten fruchtbaren Hügeln umgeben, auf deren einem ein Capuzinerkloster steht, präsentiert sich von der nach Pergola ansteigenden Strasse sehr malerisch. Die Cyclamen und Anemonen am Wege gaben mir Stoff zu einem Grusse nach Hause. In der Hauptkirche S. Domenico wird eine Frescomalerei von Giovanni Santi gezeigt, welche mir unfertig schien. Auch in dieser Oase sind einige stilvolle Häuser vorhanden, unter denen mir die Casa Castracani, eines alten Geschlechtes, auffiel. Meine Aufmerksamkeit zog ausser dem Theater noch das Stadtgefängnis auf sich. Ergötzlich war es nämlich zu sehen, wie an einer grossen, leicht vergitterten Öffnung des Erdgeschosses ein halbdutzend Kerle fröhlich beisammen waren und sich den Wein gut schmecken liessen, den ihnen ein Kamerad von aussen reichte. Sie grüssten mich ganz freundlich, als ich näher an sie herantrat; auch diese waren nur Vorsicht halber über den ersten Mai für einige Zeit von der übrigen friedliebenden Menschheit abgesondert worden. Laut Fremdenbuch hatte sich in diesem Jahre noch kein Fremder hieher verirrt. Erklärlich war mir daher die Bescheidenheit der Locanda, zu welcher die mich wirklich rührende der Rechnung stimmte. Es ist als ob in diesen abgelegenen Orten der

Geldwert sich steigere, zugleich auch die Zuvorkommenheit der Wirte.

Um sieben Uhr früh des andern Tages nahm ich
vom freundlichen Cagli Abschied. Auf das grüne Thal
folgen rauhe Gebirgsmassen. Leider bemerkte ich, dass
die Fürsorge der Behörden für den Schutz der Wälder
fehlt oder unvermögend ist. Auch hier entkleidet die
durch die Kohlenbrennerei verursachte Abholzung die
Berghalden ihrer schützenden Decke. Überall nur Gestein.
Doch plötzlich tauchen wieder Reben und Maulbeerbäume
auf. Sie sind die Vorläufer der kleinen Ortschaft Can-
tiano, in deren engen und schwarzen Gassen auch noch
deutliche Überbleibsel der ursprünglichen Via flaminia
vorhanden sind. Die Tafel einer Dorfschenke trägt ihren
Namen. Den Einwohnern scheinen wir ein ungewohntes
Schauspiel zu sein. Noch trennen uns hohe Berge von
Umbrien; den höchsten zu übersteigen bedarf es wieder
während einer Stunde eines Ochsengespannes. Der dasselbe begleitende Bursche ist höchst redselig und erzählt
beim Umbiegen um einen hoch in die Lüfte ragenden
Fels eine sehr unwahrscheinlich lautende Banditenge-
schichte, an die er aber selbst zu glauben scheint. Er
verabschiedet sich mit einem freundlichen «a rivedere»,
das ich mit einem aufrichtigen «sì, nel cielo» erwidere.
Wir steigen nach Scheggia (ad Ensem) hinunter, einem
sehr kleinen Orte, dessen Name «die Wasserscheide» be-
deutet. Von hier aus schlug die Via flaminia die Richtung nach Fossato ein, von wo sie, dem Laufe des To-
pino folgend, über Gualdo Tadino (Halvillo?) und Nocera
(Nucerio), bei Foligno (Foro Flaminii) die umbrische
Ebene erreichte. Unser Weg aber führte uns nach vielen

Windungen auf eine Anhöhe und auf einmal überschaut man das grüne Umbrien.

„Salve, Umbria verde, e tu del puro fonte
„nume Clitumno!" . . .*)

Auf der Passhöhe oberhalb Gubbio.

Obschon auf der steinigen·Höhe weit entrückt dem mutwilligen Reigen der Nymphen und Faune am krystallhellen Quell des Clitumnus, dessen paradiesische Umgebung mich zwei Jahre vorher in Entzücken versetzt hatte, fühlte ich mich auch diesmal beim Anblick der ge-

---

*) Odi barbare I p. 73. 83.
«Sei mir gegrüsst, grünes Umbrien, und du, reiner Quell, o Clitumnus, Liebling der Götter.»

11

segneten umbrischen Landschaft in eine Stimmung versetzt ähnlich derjenigen, welche wohl Carducci obige schwungvollen Worte eingegeben hat. Sie schlug jedoch rasch um, als ich seitwärts ein mit einem eisernen Kreuze gekröntes verfallenes Gemäuer gewahrte, an welches gelehnt, den Kopf in die Arme versenkt, ein Mann kniete. Unser Kommen, das Stillhalten der Pferde, scheinen ihn nicht zu stören. Erst nach einiger Zeit schaut er sich nach uns um, und so einige Male. Als wir zur Weiterfahrt uns anschicken, steht er auf, eine schlanke Gestalt, seinen Hut zu holen und uns, ohne ein Wort zu äussern, noch einen Blick zuwerfend. Mir schien er gedrückter Stimmung und in sich gekehrt. Welche Gedanken, welche Gefühle mochten ihn beschäftigen? Ich gedenke noch oft der seltsamen Begegnung. Sie bot mir den Stoff zu einem Bildchen, welches mein Freund Poggi reproductionsfähig verbesserte. Jener Knieende war der einzige Mensch, welcher mir während der drei Tage auf der Strecke von Fossombrone bis Gubbio begegnete. Die Sicherheitspolizei scheint hier allein in den wenigen Strassenwärtern zu bestehen. Die hölzernen schwarzen Kreuze, welche da und dort vorhanden sind, entstammen einer Zeit, welche hoffentlich nicht wiederkehrt.

Nach der letzten Steigung folgen kahle Abhänge, welche plötzlich bei Gubbio mit der romantischen Schlucht endigen, deren Anziehungskraft mich vor zwei Jahren beinahe zu einer Erweiterung meiner damaligen Reisepläne veranlasst hätte. Charakteristisch für diesen Teil des Apennins sind die fruchtbaren Mulden, gleichsam Oasen in der Wüste, in denen Cagli und andere Ortschaften liegen, worauf ich später zurückkommen werde.

Die Schlucht bei Gubbio.

Da die heutige Fahrt nur vier Stunden gedauert
hatte, allerdings mit rücksichtsloser Inanspruchnahme der
Kräfte unserer armen Tiere, so blieb mir noch volle
Zeit übrig, um in Gubbio nachzuholen, was ich beim
frühern Besuche vernachlässigt hatte, so namentlich den
ehemaligen herzoglichen Palast aufzusuchen. Das Wort
«suchen» ist hier recht am Platze, so unscheinbar ist der
Eingang und so schwer zu finden der Pförtner in den
einsamen winkeligen Gässchen.

Bekanntlich ist dieses Gebäude eine reduzierte Copie
des herzoglichen Palastes in Urbino und gleich diesem
auch von Federico III. erbaut. Den Hof umgibt dieselbe
schöne Säulenhalle. Reich dekorierte Kapitäle krönen die
leicht geschweiften Schäfte der Säulen; antike Köpfe in
runden Nischen zieren die Mauerflächen zwischen den
Arkadebogen, graziöse Wandconsolen die Gewölbean-
sätze. Noch ergiesst sich unter lautem Geplätscher
reichliches Wasser in den Brunnen, in schroffem Gegensatze zur übrigen Totenstille und zur unglaublichen Verwahrlosung alles dessen, was dort vor nur vierhun-
dert Jahren der Mensch als unvergängliches Zeugnis
feinen Sinnes für eine edle Kunst hingestellt zu haben
wähnte. Denn verstümmelt sind die Säulenkapitäle, zer-
bröckelt die Fenstergesimse und in dem mit Backsteinen
gepflasterten Hofe wachsen Gebüsche. Ärger noch ist die
Zerstörung im Innern, denn jegliche Ausstattung der
Räume, selbst die cassettierten Decken und die Fenster,
ja sogar Teile des Dachgebälkes sind der Verwahrlosung,
dem Mangel an Schutz vor dem Unwetter, endlich auch
teilweise der Habgier zum Opfer gefallen; wurde doch
zu Anfang der siebenziger Jahre das prächtige Holz-

getäfel mit Intarsia im ehemaligen Geheimcabinet des Herzogs um 7000 Lire dem Principe Lancelotti in Rom verkauft, welcher seine Villa Pallavicini in Frascati damit geschmückt hat. Unaufhaltsam schreitet die Zerstörung des Palastes fort. Ich habe vieles von dem vermisst, was Paul Laspeyres in seinem Werke «Die Bauwerke der Renaissance in Umbrien. Berlin 1883», mit Vorrede von 1873 aus Rom, bespricht, und schon dieser sah im herzoglichen Cabinet nur noch die nackten Wände, während noch sechs Jahre früher die Herren Hubert Stier und Ferdinand Luthmer die reiche Intarsia in demselben hatten bewundern können. (S. Deutsche Bauzeitung, August 1868.) Nur noch einige Kamine und Thürpfosten mit schöner Renaissance-Ornamentik vermögen den Blick in seinem raschen Laufe aufzuhalten. Gerne schweift er wieder in den Hof hinüber, an den Säulencapitälen sich zu erfrischen, deren reicher künstlerischer Entwurf, wie die genannten Architekten sich ausdrücken, den Steinmetzen angespornt hat, in der Ausführung das Höchste an Grazie und Genauigkeit zu leisten. Beim Anblicke des hier abbildlich folgenden Kapitäls macht sich uns, wenn wir zurückdenken an die geistlosen Trapeze auf den Säulen in Ravenna, die Kluft zwischen der schwungvollen lebendigen Kunst der Renaissance und der erstarrten byzantinischen Kunst recht anschaulich. Man sollte glauben, dass seit den Jahren des nationalen Aufschwunges die Einwohnerschaft Gubbio's einen werkthätigen Sinn für die Erhaltung ihrer geschichtlichen Altertümer an den Tag gelegt hätte, doch das Gegenteil scheint der Fall zu sein. Auch fragt man sich, warum die «Reale commissione conservatrice di belle arti nella pro-

Der Hof im herzoglichen Palaste in Gubbio.

vincia di Umbria», welche in Perugia ihren Sitz hat, dem Zerfalle nicht zu begegnen sucht. In diesen alten Städten und Städtchen allen, wo Handel und Gewerbe fehlen, fehlt es in Folge davon auch an den erforderlichen Mitteln ; zudem ist die Steuerlast eine drückende.

Kapitäl in Gubbio.

Dass der um anderthalb Jahrhunderte ältere gotische Palazzo dei Consoli noch ordentlich erhalten ist, hat seine Ursache darin, dass er jetzt noch der Sitz der Stadtverwaltung ist, und wohl auch dass zu dem im Jahre 1332 vom Baumeister Gattapone begonnenen Bau ausschliesslich mächtige Quadern aus dem nahen Kalkgebirge

verwendet wurden, während der auch hier mit dem Bau
des herzoglichen Palastes beauftragte Luciano di Laurana
ausser Backsteinen einen leicht zu bearbeitenden sehr
feinkörnigen, grünlich grauen Sandstein (macigno) vorzog.
Der wuchtige Palazzo dei Consoli in Gubbio darf sich
seinen Collegen in Florenz und Siena keck zur Seite
stellen, wie der Holzschnitt zeigt. Auch diese Stadt,
welche in einzelnen Quartieren ein mittelalterliches Gepräge zur Schau trägt wie wenige andere in Europa,
enthält in den neuern Stadtteilen des baulich Anziehen-
den aus der Zeit der Renaissance weit mehr als man
bei einem flüchtigen Besuche vermutet. Ich überzeugte
mich davon nach meiner Rückkehr beim Durchblättern
der bereits erwähnten, mir von Herrn Architekt Walser
gütigst zur Verfügung gestellten Werke. Dem Laspeyres'schen Texte entnahm ich mit Vergnügen, dass
auch dieser Reisende den Aufenthalt im gemütlichen Umbrien, wo es überall schön ist, in jeder Hinsicht ganz besonders lohnend fand.

Eines ist, um was Gubbio, abgesehen von dem guten
Trinkwasser, beneidet werden kann. Es sind dies die
städtischen Archive, welche fast vollständig noch erhalten
sind. Sie reichen bis Ende des achten Jahrhunderts zurück, wo die Stadt nach dem Untergang der Langobarden-
herrschaft, zur Zeit des Papstes Leo III., (795—816) ihre
städtische Freiheit wieder gewann. Sie blieb ihr an sechs
Jahrhunderte erhalten, Dank dem klugen Benehmen der
städtischen Behörden, welche trotz mehrmaligen Wech-
sels der päpstlichen Oberhoheit mit der kaiserlichen, und
ungeachtet der Parteiungen zwischen Guelfen und Ghibellinen die Selbständigkeit der Stadt zu wahren wussten, bis

unglückliche Fehden mit Perugia und die Umtriebe der zur Tyrannis sich emporgeschwungenen Familie Gabrielli die Zustände so lockerten, dass im Jahre 1384 Graf Antonio di Montefeltro, Herr zu Urbino, die Hand über die Stadt schlagen konnte.

Ein Gang den Berg hinan, um die tags darauf zu durchwandernde Gegend zu überblicken, verscheuchte die im herzoglichen Palaste erhaltenen Eindrücke. Ich war etwas unschlüssig, welche Richtung ich von Gubbio aus einschlagen sollte, um Toskana zu erreichen. Gerne wäre ich mit Spoleto's paradiesischer Lage bekannter geworden als mir dies bei meinem letzten Besuche meines Unwohlseins wegen möglich war. Die Weiterfahrt zu Wagen von dort aus nach Terni und Narni, dann das Herumstöbern in der Poussin-Landschaft jenseits des Tiber, wo geheimnisvolle Nester auf Basaltkegeln thronen, war überaus verlockend. Auch in Viterbo die vor vier Jahren gemachte Bekanntschaft des Sammlers, Herrn Falcioni, zu erneuern, wäre für mich von Wert gewesen. Allein aus zwei Erwägungen verzichtete ich auf diesen Umweg. Ausser um die Wiederbegrüssung meiner Freundin in Perugia war es mir auch um meine eigene Sicherheit zu thun. Da ich wusste, dass seit einem Jahre die Raubanfälle in der Gegend um Viterbo sich sehr vermehrt hatten, wollte ich mich nicht der Gefahr eines «ricatto» aussetzen. Den Carabinieri, deren schon manche im Kampfe mit den Briganten getötet worden sind, ist es noch nicht gelungen, der drei Kerle habhaft zu werden, welche thatsächlich die Herren des Landes sind, dreier entsprungener Galeerensträflinge Namens Ansuini, Tiburzi und Fioravanti. Jeder Bauer kennt sie, aber wehe dem, welcher ihre Spur verrät. Sie verstecken sich in der «macchia», dem Buschwald, in dessen Schlupfwinkeln sie der Malaria trotzen. Schon über zwanzig Jahre treibt Tiburzi sein Handwerk als wahrer Virtuos. Die Gutsbesitzer finden sich mittelst eines Tributes mit ihm ab. Von der Bauernsame verlangt er blos Nahrung. Einmal wird wohl auch ihn das tötliche Blei treffen.

Als am 7. Mai früh, einem Samstage, wiederum die rosenfingerige Eos emporstieg, einen schönen Tag verkündend, gab ich dem Vetturin die Losung «nach Perugia». Er kannte den Weg zwar nicht, aber diese Bursche sind es gewohnt, überall in Italien hinzufahren, wohin es dem «Padrone» beliebt und so lange es ihm gefällt. Ein freies Leben wahrlich für beide Teile. Und man denke, zum Reisegefährten hatte ich den jungen Rafael, welcher in den Jahren, während welcher er in der Malerwerkstatt seines Lehrers Pietro Vannucci in Perugia sich ausbildete, zu verschiedenen Malen denselben Weg geritten war, seine Eltern in Urbino zu besuchen, so auch im Jahre 1504, als er sich am herzoglichen Hofe das Empfehlungsschreiben nach Florenz geholt haben soll.

Ein drei Kilometer breites Thal trennt Gubbio von dem gegenüber liegenden Hügellande. Nachdem ich dieses erstiegen, hielt ich inne, um noch einen letzten Blick auf den im Rücken gelassenen Ort zu werfen, welcher, wie Fossombrone am Furlopasse im Osten, hier im Westen ein Eingangsthor zu dem wie für sich abgeschlossenen, steil aus der Ebene sich erhebenden Gebirgscomplexe des Centralapennins bildet. Die Struktur des Centralapennins ist so verschieden von der des nördlichen Apennins und überhaupt so eigenartig, dass ich, um über dieselbe ins Reine zu kommen, nach meiner Heimkehr die einschlägige Litteratur zu beraten mich veranlasst fand.*) Die Geologie holt heute weit aus, denn sie knüpft an die Zeit an, da in Folge Zerwürfnisses mit der Sonne unser Planet, damals wohl feuerflüssig, seine eigenen Wege im kalten Weltraum hat gehen wollen, und er sich dann mit einer Erdkruste überzog, auf welcher die den Planeten umkreisenden Dünste zu Wasser condensiert sich niederliessen, bis Continente und Oceane in die Herrschaft sich teilten.**) Eine Herrschaft zwar, in welche der glutflüssige Erdkern fortwährend eingreift und welche auch das Wasser als mechanisch und chemisch wirkendes Werkzeug nicht ungestört lässt. Der glühende Erdkern, indem mit seiner fortschreitenden Abkühlung die Verkleinerung der Erdkruste Hand in Hand geht, so dass sie sich kontrahiert, Hebungen und Senkungen, Einbrüche, Falten und Runzeln in ihr entstehen, ähnlich wie bei einem austrocknenden Apfel die Haut allmälig

---

*) «Come s'è fatta l'Italia.» «Geologia dell' Italia» von Prof. Omboni in Padua. «Geologische Beobachtungen aus den Central-Apenninen» von Prof. Zittel in München.

**) Ich folge hier wie auch ferner den am allgemeinsten vertretenen Theorien, für welche jedoch wohl Niemand unbedingt einstehen würde. Dankbar gedenke ich der Belehrung, welche ich u. a. auch aus dem Werke «Ein geographischer Text zur geologischen Karte der Erde. Mit einem Atlas. Basel, Benno Schwabe. 1883.» meines liebenswürdigen ältern Freundes, Herrn J. M. Ziegler, geschöpft habe. Er starb wenige Tage, nachdem er mit seinem Verleger den letzten Korrekturbogen seines Werkes geprüft hatte, leider ohne das Werk im Drucke vollendet zu sehen, wenige Monate nach seinem Freunde, meinem Onkel Peter Merian, dessen Andenken er es gewidmet hatte.

für denselben zu gross wird, dem schwindenden Fleische nachsinkt und dabei Falten und Runzeln bildet; das Wasser, sei es indem es durch die Spalten der Erdrinde in deren Inneres dringt, dort in Gase sich verwandelt, welche bald störend und zerstörend, bald Eruptivgesteine zu Tage fördernd und aufbauend auf die Erdkruste einwirken, sei es indem es durch Ablagerungen auf dem Meeresgrunde die Sedimentärgesteine bilden hilft.

Diese Vorgänge mir vergegenwärtigend, namentlich aber auch nach Kenntnisnahme von Professor Albert Heims in Zürich Abhandlungen «Über die Stauung und Faltung der Erdrinde» und «Die Gebirge» (Basel, Benno Schwabe), und Prof. Credners in Leipzig «Elemente der Geologie» ward es mir möglich, mich über manches aufzuklären, was mir bei meiner Wanderung aufgefallen war. Die Versteinerungen einer heute nicht mehr vorhandenen marinen Tier- und Pflanzenwelt, welche man bis auf die höchsten Gipfel verfolgen kann, sind ein Beweis, dass einst das ganze Gebirge unter Wasser war; sie lassen zugleich auf die Zeitperiode und die Formation schliessen, welchen sie angehören. Es entstammt der Kalkstein, welcher den Grundstock des Centralapennins bildet, der s. g. secundären Formationsgruppe, zu welcher auch unser Jura gehört. Man begegnet aber auch andern Gesteinen, wie namentlich dem s. g. Macigno, einem grünlich grauen Sandstein, welche später als der massige Kalkstein und als der Muschelkalk auf dem Meeresgrunde abgesetzt, somit in einer jüngern, von den Geologen als Tertiärzeit bezeichneten Periode gebildet wurden. Wie können diese spätern Gebilde neben oder zwischen oder gar unter den ältern Kalkstein geraten sein, wie können diese ursprünglich ohne Zweifel horizontalen Steinschichten bald in eine gekrümmte, bald in eine schiefe oder senkrechte Lage gebracht worden sein? Dies geschah in Folge des schon erwähnten Sichfaltens, der Zerknitterung der Erdkruste, eines auf sie ausgeübten seitlichen Druckes, in Folge von Verschiebungen, Brüchen, bei welchen die Schichten über einander stürzten; alles Processe, welche die s. g. Faltengebirge kennzeichnen, eine Gebirgsbildung, die wie überall so auch hier im Apennin die häufiger vorkommende ist. Sie tritt nun hier besonders deutlich zu Tage und zwar in Folge der vielen Erosionen, welche dazu beigetragen haben, dem Gebirge seinen Charakter zu geben. Der Faltenwurf nämlich, der aus der Runzelung der oberen Schichten der Erdrinde hervorgeht, stellt bei weitem kein fertiges Gebirge, sondern nur eine noch ungegliederte Masse dar, aus welcher die einzelnen Berge, Thäler, Schluchten und Grate erst durch langsam andauernde Verwitterung, Zerstörung und Entblössung (Denudation), also durch die Thätigkeit des Wassers und durch die Einwirkung der Atmosphäre herausmodelliert werden. *) Und so verhält es sich mit den merkwürdigen, mitunter sehr wilden Querthälern, welche in der Richtung von West

---

*) Diese Faltengebirge betreffend habe ich mich hauptsächlich in Heims Schriften Rates erholen müssen, wie schon aus den gebrauchten Ausdrücken hervorgeht. Sie meinen Lesern durch Abbildungen anschaulicher zu machen, ist hier nicht der Ort. Sie mögen hiezu den Atlas zu Heims «Untersuchungen über den Mechanismus der Gebirgsbildung im Anschlusse an die geologische Monographie der Tödi-Windgällen-Gruppe» (Basel, bei Benno Schwabe) consultieren, ein Werk, das auch jedem wissbegierigen Alpenklubbisten zu empfehlen ist.

nach Ost die Parallelketten des von Nord nach Süd
sich hinziehenden Apennin durchbrechen und natür-
liche Strassen bilden, in welchen man, um mit Prof.
Zittel zu sprechen, beinahe ebenen Weges die Gebirgs-
ketten durchwandert. Sie sind es, welche die Anlage
einer mit Hilfe des Tunnels bei Fossato ausschliesslich
in Thalsohlen sich bewegenden Eisenbahn quer durch den
hohen Centralapennin, der Linie Foligno — Fabriano —
Sassoferrato — Urbino möglich gemacht haben. Diese
Auswaschungen erklären die im Centralapennin vorkommende eigentümliche Erscheinung, dass eine Anzahl
Gewässer am Westabhange des Gebirges entspringen, die
Centralkette durchbrechen und dem adriatischen Meere
zufliessen.

Auf der Karte präsentierte sich mir die Strasse von
Gubbio nach Perugia als ein ziemlich gerader Strich in
wenig bewegtem Terrain, so dass ich glaubte, die Berge hinter mir gelassen zu haben. Das war nun keineswegs der
Fall. Schon nach einer halben Stunde mussten zum Ver-
drusse des Kutschers wieder Ochsen vorgespannt werden.
Der Aufstieg währte eine volle Stunde. Man befindet
sich eben in den Ausläufern des Apennins, einem schönen
Lande, wo die Scenerie beständig wechselt, meist Eichen-
wald die Berghalden bekleidet und eine arbeitsame Bevölkerung mit Korn- und Weinbau auf dem Felde beschäftigt ist. Allgemach steigt man in die Ebene hinab,
zu den Ölbäumen, den Pinien und Cypressen und den
die Hecken umschlingenden Rosen. Man gelangt an einen
im fetten Boden tief eingeschnittenen Fluss, es ist der
Tiber, hier der seine grünliche Welle noch ruhig fort-
wälzende Jüngling. Sie bespült den Fuss des Berges,

auf welchem Perugia thront. Noch gefällt sich die Stolze in einem beschaulichen Leben. Noch verschmäht sie es, zum Gewässer in die Ebene hinabzusteigen, dieses sich dienstbar zu machen. Den Anblick eines Neu-Perugia überlasse ich übrigens gerne meinen Nachfolgern. Einstweilen bietet das noch von Bäumen beschattete Ufer dem Vetturin Gelegenheit, seine ermüdeten Pferde mit Wein, den er ihnen in die Nasenlöcher spritzt, neu zu beleben. Die Auffahrt zur Stadt von dieser Seite war mir neu. Sie ist landschaftlich so schön, dass ich es beinahe bedauerte, als die vielen Windungen ein Ende nahmen. Doch war es nicht allzu früh, denn ein tropischer Platzregen begleitete die letzten Schritte zum Hôtel Brufani, welchem ich dieses Mal vor dem Albergo delle belle arti, dessen Eigenschaften seinem schönen Namen gar zu wenig entsprechen, den Vorzug gab.

Ich traf es nicht sofort nach Wunsch. Perugia ist eine jener Stationen, wo die Söhne und Töchter Albions nach Absolvierung der vorangegangenen Winterstationen in Neapel, Rom u. s. w. sich gerne zusammenballen zu einer neuen Häutung und Wanderung, wie die Raupen an den jungen Eichen, und da für Perugia Mitte Mai vorgesehen ist, so waren alle Zimmer besetzt und deren erst gegen Abend zwei frei. Der Manager, ein junger Engländer, behandelte mich mit grösster Zuvorkommenheit. Der Wirt war kürzlich gestorben. Der Gasthof, in herrlicher Lage, ein eleganter solider Bau, allen Ansprüchen englischen Comforts entsprechend, trefflich geführt, ist auch insofern empfehlenswert, als er nicht mehr als siebenzig Personen beherbergen kann. Auch im Sommer wird er der angenehmen Temperatur wegen von

Engländern aufgesucht. Das Meer im Osten und Westen
der Halbinsel mildert hier die Wärme weit mehr als man
bei der immerhin nicht sehr hohen Lage erwarten sollte.
Mein Erstes war, der mir befreundeten Familie Brunamonti meinen Besuch abzustatten. Durch eine Publikation
im Aprilheft 1892 der «Deutschen Rundschau» war der
dichterische Ruf meiner Freundin über die Alpen ge-
drungen. In jenem Hefte findet sich das Wenige, was
ich in gedrängter Kürze vor zwei Jahren über sie geschrieben habe, anerkennungsvoll für die Dichterin er-
weitert. In dem seither von mir gelesenen «Crepuscolo
di Milano» sagte s. Z. der schonungslose Kritiker Tenca
über die damals erst vierzehnjährige Alinda Bonacci,
welche in diesem Alter schon alle Classiker alter und
neuer Zeit in sich aufgenommen hatte, dass sie das glückliche Masshalten in den Eingebungen ihrer Einbildungs-
kraft einem ausserordentlich kritischen Auffassungsvermö-
gen verdanke. Diesem Umstande ist es zuzuschreiben,
dass ihre Gedichte allgemein beliebt sind, dass auch ich
in stiller Stunde gerne das bei Le Monnier in Florenz
erschienene Büchlein zur Hand nehme, mit dem mich
diesmal die Verfasserin zugleich mit ihrem Bilde be-
schenkte. Gewiss sind meine Leser begierig, meine Freundin auch «in effigie» kennen zu lernen. Gerne erfülle
ich diesen Wunsch, als Ergänzung eine kurze Probe aus
einem ihrer längern Gedichte «il mistero della morte»
beifügend.

> *„Non mi sgomenta il tuo pallido aspetto,*
> *Al chiaror d'autunnal vespro simile,*
> *Morte, augusta virago,*
> *Veneranda e gentile;*

Alinda Bonacci Brunamonti

Perchè teco ne vien compagno fido
Ed invocato il vero.
Allor che l'intelletto
Ansioso esplorar tenta il mistero,
Che a noi vaganti in questo dubbio mare
Fra caligine densa asconde il lido,
Come traverso a un velo
Sorridono i tuoi belli occhi di cielo.")

Vater, Mutter und Tochter machten mir das Vergnügen, abends meine Gäste zu sein beim «dinner» im Hôtel Brufani, wo wir behaglich etwas abseits von der «tavola rotonda» eine gemütliche Stunde zubrachten. Die Damen sahen sich gerne in ein ihnen ungewohntes Medium versetzt, in der Mehrzahl ebenfalls aus Damen bestehend. Die Gesellschaft war, wie bei Engländern, die sich nicht kennen, eine geräuschlose. Nur ein in unserer Nähe befindlicher kleiner Kreis, aus einem Herrn und einigen Damen bestehend, sich sicher fühlend von Niemandem verstanden zu werden, liess seiner norddeutschen Sprache freien Lauf, bald auf Unkosten der englischen Toiletten am Tisch und der Engländer überhaupt, welche, wie der Herr sich ausdrückte, schon der alte Fritz nicht habe leiden mögen, bald in unliebenswürdiger Weise über den noch jungen Kaiser. Wären diese der sogenannten

---

*) In etwas freier Übersetzung:
Nicht schreckt mich, o Tod, dein blasses Antlitz, herbstlichem Dämmerlichte gleich, o du Erhabener, Ehrfurcht Gebietender, und dennoch mit milder Freundlichkeit mir Begegnender. Denn als treuer Gefährte gesellst du dich zu uns, die wir nach Wahrheit verlangen. Wann der Geist das Geheimnis zu erforschen trachtet, dichte Nebel das Gestade unserm Blicke entziehen, während wir auf unsicherm Meere umherirren, siehe, da lächeln deine Augen, schön wie das Blau des Himmels, wie aus einem Schleier hervor, uns entgegen.

feinern Gesellschaft angehörenden Touristen sich der Verdienste bewusst gewesen, welche ihren Vettern, den mann-
haften Söhnen des Inselreichs, dafür zukommen, dass
sie bei Beginn des Jahrhunderts das deutsche Vaterland
vom Joche des ersten Napoleon haben befreien helfen,
und dass sie heute noch zu den Pionieren der materiellen und geistigen Wohlfahrt der Menschheit gehören, sie hätten sich nicht so blossgestellt und die in
fremder Umgebung immer ratsame Vorsicht ausser Acht
gelassen. Mein Berliner, wenn er je Rückerts Gedichte
kannte, hatte sich offenbar nicht von dessen Festlied
begeistern lassen, in welchem die damaligen Bundesgenossen der Deutschen besungen werden, und zwar die
englischen in folgenden Versen:

«Wer ist der vierte der Bundesgenossen?
«Das ist im Westen ein Drache,
«Der über die Freiheit der Welt hält Wache,
«Von seiner ewigen See umflossen.»

Möge er, dieser Drache, immerdar dieses Amtes
walten.

Ich kannte von frühern Besuchen her Perugia zur
Genüge und liess darum schon tags darauf die beiden
Klepper vor dem Hause zur Weiterfahrt bereit halten.
Die zwei Kellner, welche mich freundlich zum Wagen
geleiteten, und deren einer, ein Prachtsmensch, mir für
die vielen Misses am Tische nicht ungefährlich zu sein
schien, meinten, ich solle im Sommer wiederkehren, da
es dann hier so kühl sei wie in der Schweiz. Ge-
schwätzig wie diese italienischen Naturkinder sind, machten sie mich noch auf die Wirtin im Hofe aufmerksam,
ob ich sie nicht etwa begrüssen wolle. Ich hatte sie

Das Etruskische Thor in Perugia.

tags vorher nicht gesehen und so bezeugte ich gerne der
‹genteelen› in Trauer gekleideten Witwe meine Teil-
nahme an dem vor kurzem erlittenen schweren Verluste.
Obschon Engländerin, was ich nicht sogleich merkte,
sprach sie vortrefflich italienisch.

Die heutige Fahrt sollte an landschaftlicher Schönheit keiner der vorhergehenden nachstehen; ich freute
mich, einen vor zwei Jahren unerfüllt gelassenen Wunsch
befriedigen, nämlich das damals von Chiusi aus gesehene,
auf freier Höhe gelegene Städtchen Città della Pieve,
Perugino's Geburtsort, besuchen zu können. Es lag nun
an meinem Wege nach weitern Zielen.

In die Ebene hinabsteigend schied ich von Umbriens
Diadem, bei jeder Wendung des Weges noch einen Blick
werfend auf die Perlenschnur Assisi, Spello, Foligno,
Trevi, welche in Spoleto, Terni, Narni ihre Verlänge-
rung, in Orte am Tiber ihren Abschluss hat. In wohl-
geschützter Lage am malerischen Gebirge haben diese
Orte von Überschwemmungen durch den launischen Ge-
sellen nichts zu befürchten. Zum Bogen, den sie be-
schreiben, bildet der Fluss gleichsam die Sehne; an diese
wagt sich nur Todi mit dem schönen Dome heran, jedoch hoch über dem Wasser Sicherung suchend.

Das frohe Gefühl, mit welchem ich von der öden
Passhöhe hinter Gubbio dem grünen Umbrien mein
‹Salve› zugerufen hatte, verliess mich auch jetzt nicht,
wenn schon ich dachte, dass ich dieses Land kaum wieder betreten würde. Die wundervolle Landschaft liess
keine weiche Stimmung aufkommen; sie war streckenweise bewaldet und wo nur eine Lichtung kam, suchte
ich den Trasimenischen See, den ich in der Nähe wusste;

aber eine Täuschung folgte der andern. Endlich kann es nicht fehlen, denn es zeigt sich ein steiler Hügel, den ein altes Städtchen krönt. Es kann nur Città della Pieve sein. Wir biegen also links um, ohne auf eine ebenfalls bergan steigende Fortsetzung der Strasse nach rechts zu achten, als wir auf Befragen eines Mannes belehrt werden, dass wir noch weit von unserm Ziele uns befinden und eine falsche Richtung eingeschlagen haben. Piegaro, so hiess der Ort, links liegen lassend, begann nun eine lange aber sanfte Steigung, welche mein Verlangen nach dem Trasimene bald befriedigen sollte. Der lichte Eichwald mit dem Unterholze, weit entfernt die Aussicht zu beeinträchtigen, erhöhte deren Reiz. Durch die Bäume hindurch wurden rechts die blaue Wasserfläche des Trasimene mit der Höhe von Cortona im Hintergrunde und die kleinen Seen von Chiusi und Montepulciano sichtbar, zur Linken schaute ich in das Thal hinüber, durch welches die Eisenbahn die nach der ewigen Stadt Verlangenden führt. Ein Gewitter in der vorhergehenden Nacht, aus den noch nassen Wegen zu schliessen, schien auf der Höhe arg gehaust zu haben, denn der Blitz hatte zwei Eichen getroffen, deren Rinde der ganzen Länge nach handbreit von einander klaffte und den noch feuchten rötlichen Bast sehen liess. Eine Stunde lang folgte ich dem Wagen zu Fuss, um das liebliche Panorama besser geniessen zu können. Gleiches Entzücken wie diese italienischen Fernsichten, muss ich hier bemerken, bereitet mir in der Heimat ein Blick von der Bretzwiler Höhe auf den Rehhag, oder von der Grütscher Höhe ins Waldenburger Thal hinab, oder auch nur von meinen Fenstern auf die nahen Ausläufer unseres Jura.

Wo überhaupt wäre die Natur ohne irgend welchen landschaftlichen Reiz? Wiederum sollten wir getäuscht werden. Wir sehen Città della Pieve gerade vor uns liegen; der Ort befindet sich auf gleicher Höhe mit unserem Standpunkt, allein er ist weniger leicht zugänglich als es den Anschein hatte. Auch für ihn wählten die Etrusker, oder wer sonst seine Gründer waren, eine isolierte Lage. Man muss daher wieder in ein Thal hinabsteigen. Endlich halten wir halbwegs am Hügel beim Eingang ins Städtchen, da es verboten ist, mit andern als nur ganz geringen Lasten darin zu fahren. Unter dem Thore steht eine Gruppe Bewohner im Sonntagskleide, bei denen ich mich nach dem Albergo erkundige. Ein feinbeschuhter kleiner Bursche bietet sich mir als Begleiter an und führt mich durch die steilen alten Gassen hinan in ein albergo «di lusso» (feines Hôtel), wie er das zwei Fenster breite, schwarze Haus «zu den drei Mohren» betitelt, wo ich ihn mit Dank entlasse. Mit dem Essen war ich bald fertig und da ich glaubte bemerkt zu haben, dass mein Begleiter gerne zu fernern Diensten bereit gewesen wäre, so liess ich ihn wieder rufen. Was uns ein solcher Popolano schwatzt, ist oft eine willkommene Ergänzung zum gedruckten Führer; ja auf manchen hohen Genuss muss verzichten, wer unbedingt dem Reisehandbuche vertraut, in welchem interessante Partien wie z. B. die Strecke von Perugia bis Città della Pieve und Chiusi mit den Worten «eine jetzt von den Touristen nicht mehr benützte Landstrasse» abgefertigt werden.

Città della Pieve, ringsum von einer thurmgeschmückten braunen Stadtmauer umgeben, birgt eine Anzahl alter, hoher Häuser, deren Fenster eine stilvolle Einfassung aus Sandstein haben. Ihre Besitzer, s. g. Famiglie signorili, deren eine den berühmten Namen der Spinola trägt, kommen im Sommer zur Villeggiatur hieher, die kühlere freie Luft zu geniessen. Mein Schuhmacher, denn als ein solcher entpuppte sich mein Begleiter, führte mich zu einigen Villen in unvergleichlich anmutiger Lage.

Obschon etwas ermüdet, liess ich mich noch in drei Kirchen schleppen, doch will ich dem freundlichen Leser nur zumuten mich nach Sta Maria delle Bianche zu begleiten. Ein Affresco daselbst von Pietro Perugino erinnert an das Sposalizio seines berühmten Schülers. Man zeigt noch die mit Farben gefüllten Schalen des Meisters. Zwei seiner Briefe vom 20. Februar und 1. März 1504 befinden sich eingerahmt an der Wand.

Weiter als nach Chiusi zu fahren durfte den Pferden nicht zugemutet werden. Im Albergo vor diesem Städtchen mit den unfahrbaren steilen Gässchen nahm ich mein Nachtquartier. Kaum war ich abgestiegen, so begrüsste mich der freundliche Mann wieder, welcher mich zwei Jahre früher zu den etruskischen Grabstätten geführt hatte. Auch der Telegrafist bezeugte mir seine Freude über das Wiedersehen und holte mir als Beweis seiner Erinnerung an mich mein vor zwei Jahren aufgegebenes Telegramm hervor. Man befindet sich eben in Toskana, dem Lande der freundlichen und gesitteten Leute, wo vieler Orten die in mancher Hinsicht schädliche Wirkung des heutigen nivellierenden Verkehrs noch nicht sich fühlbar macht. Manch' grössere Stadt dürfte das auf seine so bescheidenen Hülfsquellen beschränkte Chiusi um den praktischen Gemeinsinn beneiden, der sich daselbst, wie ich auch bei diesem meinem zweiten Besuche bemerkte, geltend macht. Der alte, seiner ungleichen Bestandteile wegen merkwürdige, kleine Dom hatte eine neue Fassade erhalten, und zur Beschaffung guten Trinkwassers war man vor der Ausgabe von Lire 150,000 nicht zurückgeschreckt. Spätere Besucher werden die nun wenig bequem zu sehenden etruskischen und römischen Altertümer in einem neuen Museum übersichtlich geordnet finden. Auch die hoch gelegene Promenade soll in einen der Lage würdigen Zustand gesetzt werden. Montepulciano und Pienza, welche in der Ferne sichtbar sind, sollten diesmal für mich nicht bloss leere Wünsche bleiben.

Bei wolkenlosem Himmel brach ich am 9. Mai dorthin auf. Anstatt den kühlen Weg durch das Hügelland einzuschlagen, lenkte der Kutscher, ob absichtlich oder nicht, in die Ebene hinab. Das rege Leben in derselben. entschädigte mich für das bischen zu viel Sonne und Staub. Hier wurden die Maulbeerbäume zur Fütterung der Seidenwürmer entlaubt, dort der Mais gesäet, der Dünger auf die Felder gebracht u. s. w. Die Bauern alle machten einen recht günstigen Eindruck. Übervölkerung ist keine vorhanden, dabei der Boden von einer erstaunlichen Ertragsfähigkeit. Bekanntlich wächst in dieser Gegend vom besten Rotwein. Bei den Italienern gilt der Montepulciano als der König der Weine. Die Stadt dieses Namens liegt wiederum auf einem isolierten Berge, besitzt einen sehr gemütlichen grössern Gasthof in prächtiger Lage und trägt Wohlhabenheit zur Schau. Schöne alte Wohnungen, s. g. Palazzi, worunter auch ein Mediceischer, Stil der San Gallo und Vignola, schmücken die sehr steile Strasse zum Domplatze. Auch hier konnte ich wieder bemerken, dass die toskanischen Herrscher der neueren Zeit, obschon mit dem Hause Österreich verwandt, nicht wie die übrigen vertriebenen Regenten Italiens verhasst waren, denn oberhalb der Pforte eines stattlichen Hauses sah ich die Büste eines der Herzoge in einer Nische, mit den Worten darunter: «Magnanimus mihi præcipue». Die Verwandtschaft mit den Habsburgern, meint auch der unparteiische Autor der «Geschichte der letzten hundert Jahre», Cesare Cantù, sei der einzige Vorwurf gewesen, welcher den Regenten in Toskana bei ihrer Vertreibung im Jahre 1859 habe gemacht werden können. Indessen ist den Toskanern nicht zu verargen, dass sie mit der übrigen Nation gemeinsame Sache machten, als es sich um die Einigung unter einem einheimischen Fürsten handelte. Eine Erztafel an der schönen Casa Dori sagt, dass Garibaldi am 24. August 1867 dort zu Gaste war und zum Volke den Ausspruch that: «Roma è nostra, e l'avremo», was auch 1870 erfolgte.

Montepulciano's Berühmtheit besteht ausser in seinem Weine in der Kirche zur Madonna di S. Biagio. Da diese ausserhalb der Stadt und zwar in der Tiefe liegt, immerhin noch hoch über der Thalsohle, so hätte ich mir den zur heissen Mittagszeit etwas sauern Gang dorthin gerne erspart. Unverantwortlich wäre es jedoch gewesen, die Gelegenheit zu versäumen, mit einem der schönsten Repräsentanten der kirchlichen Renaissance bekannt zu werden. Von keinem Reisehandbuche beeinflusst und ohne besonders grosse Erwartungen betrat ich diesen Bau. Er kam mir zuerst etwas fremdartig, vielleicht etwas nüchtern vor, was aber wohl nur in dem Fehlen

jeglicher Altäre und Gemälde, einer Bestuhlung, sogar
der Kanzel, seinen Grund haben mochte, denn bald
empfand ich ein ungemein angenehmes Gefühl, welches
ich der übersichtlichen Raumverteilung, der Symmetrie
in der Architektur, dem reinen Stil, dem, trotz der Abwesenheit von Seitenfenstern, dennoch überall gleichen
von oben eindringenden Lichte zuschrieb; auch mochte der

Madonna di S. Biagio bei Montepulciano.

warme Ton des Baumaterials dazu beitragen. Als einzige
Staffage im ganzen Bau bemerkte ich einen in seinem
schwarzen Gewande trefflich sich ausnehmenden Geistlichen, welcher meine Fragen freundlich beantwortete;
so erfuhr ich z. B. von ihm, dass, wenn erforderlich, be-
wegliche Kanzeln verwendet werden. Am Äussern störte
mich allerdings der unvermeidliche kleine Campanile.

Es scheint ihm selbst in seinem Renaissancegewande recht unbehaglich zu sein neben dieser 1518 von Antonio da San Gallo dem ältern ausgeführten sogenannten Centralbaute mit Kuppel. Gut, dass es bei diesem einen Thürmchen blieb. Wie ich in Jakob Burckhardts «Geschichte der Renaissance-Baukunst in Italien» lese, waren ursprünglich deren zwei in Aussicht genommen. Der Grundplan dieser Kirche hat die Gestalt des aus fünf Quadraten gebildeten griechischen Kreuzes. Ich überzeugte mich hier, dass diese Form den Bedingungen, welche an ein Gotteshaus zu stellen sind, besser entspricht, als die der langen Schiffe der Basiliken und vieler unserer gotischen Münster. Das Auge jedoch wird kaum unbedingt die eine Form der andern vorziehen; sie sind ihm beide angenehm.

Nach diesem so befriedigend ausgefallenen, aber etwas ermüdenden Besuche bei unserer l. Frau von S. Biagio schmeckte der Montepulciano über Tisch um so besser. Wahrscheinlich hatte er dem Vetturino nur zu gut gemundet, denn anstatt auf der Höhe zu bleiben um den Weg nach Pienza einzuschlagen, liess er den Wagen lustig den Berg hinabrollen, denselben Weg, welchen wir zurückgelegt hatten um heraufzukommen. Dank der Wachsamkeit meines Custode kostete uns dieses Versehen nicht mehr als eine Stunde Verspätung, sodass am Abende noch Zeit genug übrig blieb, die Merkwürdigkeiten des vom Papste Pius II. in Pienza umgetauften frühern Corsignano, seines Geburtsortes, zu besichtigen. Der von uns beglückte Wirt der Trattoria «la Letizia» liess es nicht anders geschehen, als dabei die Rolle des Cicerone zu übernehmen. Natürlich liess ich mich zuerst zum Palazzo Piccolomini führen, welcher mit dem

Dome und den Palästen des Bischofs und der Gemeinde den Domplatz einschliesst.

Jedem Basler ist der Erbauer dieses Palastes, Aeneas Sylvius Piccolomini (1405 — 1463), der spätere Papst Pius II., ein alter Bekannter. Denn wir wissen, dass er während des Concils in unserer Stadt (1431 — 1449), dessen Geschichte er geschrieben hat, bei der Papstwahl Felix V. 1439 Ceremonienmeister am Conclave auf der Trinkstube der Adeligen, dem Hause zur «Mücke», war, wissen, dass er in den achtzehn Jahren des Concils verschiedene Sekretärdienste versah, zuletzt bei König Friedrich III., in dessen Dienst er sich dazu hergab, den Brief an Karl VII. von Frankreich zur Heranziehung der Armagnaken zu schreiben, wissen es ihm dagegen zu Dank, dass er uns durch Stiftungsbulle vom 12. November 1459 zur Gründung unserer Universität verholfen hat, kennen ihn aber namentlich als den Verfasser einer Beschreibung unserer Stadt, durch einen an den Cardinal von S. Angelo, Julian Cesarini, den päpstlichen Legaten am Concil, geschriebenen lateinischen Brief. Unser Christian Wurstisen hat den Brief «vertolmetscht» und seiner Chronik «angehenkt». Sein Inhalt lautet für die damaligen Basler nicht durchgehends günstig. Doch ist zu sagen, dass seit den 450 Jahren manches sich zum Vorteile verändert hat.

So wären heute die Worte nicht mehr zutreffend: «sie (die Basler) trachten nicht nach viel Kunst und der Heiden Schrift, also dass nie keiner den Ciceronem oder einen andern Redner jemahlen gehöret nennen. Sie fragen nichts nach der Poeten Büchern u. s. w.» Etwas mehr dürfte hierin immerhin auch heute noch geschehen. Ja, ich frage mich, ob wir in dieser Hinsicht seit Ende des vorigen Jahrhunderts nicht Rückschritte gemacht haben? In wie vielen Häusern finden wir zur Pflege des Geistes, des vaterländischen Bewusstseins und der allgemeinen Kultur einige Helvetica und Basiliensia nebst den empfehlenswerteren Classikern und Handbüchern der neuen, geschweige der alten Zeit, zu einer kleinen Bibliothek vereinigt? Unsere Architekten, deren Ansichten und Vorlagen für viele Kommittenten bestimmend oder von Gewicht sind, sollten sich die civilisatorische Aufgabe zur Pflicht machen, ausser Bade-, Billard- und Rauchzimmern auch noch nach Art der Engländer einen Raumanteil zu einer Speisekammer für den Geist, ich meine zu einer, wenn auch nur bescheidenen Bibliothek in ihr Programm aufzunehmen und so die Hausbesitzer mit dem Gedanken einer solchen vertraut zu machen.

Unser Chronist Christian Wurstisen hat die «Epistola Aeneae Sylvii» von seinem Freunde Ludwig Lavater in Zürich (1585 Antistes, † 1586) erhalten; das Manuscript, ein Heft in klein 4°, wird noch heute unter der Signatur E. V. 48 auf unserer Universitätsbibliothek aufbewahrt.

Wurstisen hat den Brief 1577 als Anhang zu seiner «Epitome historiæ basiliensis» abgedruckt und 1580, wie bereits gesagt, eine deutsche Übersetzung desselben in seiner Chronik veröffentlicht. Seine, in der Vorrede zur «Epitome» auf den Brief des Aeneas Sylvius bezüglichen Worte «cuius epistolam inter illius opera hactenus desideratam» könnten darauf hinweisen, dass man zu jener Zeit Kunde hatte von dem Vorhandensein des Briefes, denselben aber in den Werken des Aeneas vermisste; und so mag es Wurstisen eine besondere Genugthuung gewesen sein, denselben zuerst in der «Epitome» gelehrten Kreisen zugänglich machen zu können.

Wie gelangte nun Lavater zu dem Briefe? Möglich vielleicht, so äusserte mir mein Freund, Herr Prof. G. von Wyss in Zürich, dass Lavater auf seinen Reisen, in Strassburg, in Paris oder in Italien, den Piccolominischen Brief, wenn auch nur in einer Abschrift, gesehen und eine solche mit nach Hause gebracht hat. Die Schriftzüge unserer Abschrift sind nicht von Lavaters Hand, wie sich aus einer durch Herrn Staatsarchivar Schweizer in Zürich vorgenommenen Untersuchung ergeben hat. Er schrieb, dass die Schrift Ähnlichkeit habe mit derjenigen einer Hand, welche zu Lavaters Zeit solche Schriftstücke für Bullinger, den bekannten Zürcher Antistes, und Andere copiert habe, und einem ungenannten Schreiber Bullingers angehören dürfte. Unser Staatsarchivar Herr Dr. Rud. Wackernagel hält jedoch die Schrift entschieden für älter als Lavaters Zeit und meint, die sehr regelmässige Antiquaschrift deute auf italienischen Ursprung. Hiefür sprächen auch gewisse Formen, so «extate» für æstate, «extuante» für æstuante, auch Verunstaltungen von Namen, wie «Comprosarthol» statt Kaiserstuhl, was Wurstisen im Manuscripte am Rande verbesserte.

Es ist nun allerdings auffällig, dass diese Arbeit des Aeneas Sylvius in den verschiedenen Ausgaben der gedruckten Werke Pius' II. nicht enthalten ist. In Italien ist sie, wie mir Herr Alessandro Lisini, Stadtarchivar in Siena, schrieb, bis auf den heutigen Tag nur durch den Abdruck in der «Epitome» bekannt. Auch mag es befremden, dass Conrad Gessner sie in seiner «Bibliotheca 1574», also nur drei Jahre vor dem Erscheinen der

«Epitome», nicht citiert, und dass sie wohl auch Wimpheling nicht bekannt war, welcher im Jahre 1502 der Lobrede des Aeneas Sylvius auf Wien (Aeneas Sylvii opera, Basil. 1551, pag. 718 ff.) gedenkt, ebenso einer solchen des Antonius de Clapis auf Basel, wobei es ihm nahe gelegen wäre, auch diejenige des Aeneas zu erwähnen.

Dürfte man sich deshalb versucht fühlen, die Echtheit des Briefes zu bezweifeln? Eine «deductio e silentio», wie mir Herr Staatsarchivar Dr. Th. von Liebenau in Luzern bemerkt, welchem ich für seine Mitteilungen über diese Frage sehr zu Danke verpflichtet bin, wäre hier doch etwas bedenklich. Entscheidend für die Frage der Echtheit sei wohl weit weniger die Prüfung auf die Richtigkeit aller Angaben des Enea in Bezug auf Basel, als vielmehr die aus der Vergleichung des Briefes mit andern Arbeiten des Enea, so mit seinen Beschreibungen von Genua, Wien, London und Schottland sich ergebende Übereinstimmung im Stil und Geist der Schrift. Die ganze Epistel ferner passe trefflich zu den fatalen Verhältnissen, in welchen sich Enea Silvio 1432—1433 befand, als er, infolge der zerrütteten Vermögensverhältnisse seines Dienstherrn, des Cardinals Domenico da Capranica, Bischof von Fermo, 1432 in Basel seine Stelle verloren hatte und darauf den Bischof von Freising, Nicodemo Scaliger, auf den projektierten Reichstag nach Frankfurt begleitete. Hier wahrscheinlich schrieb er die Beschreibung Basels mit der Dedication an den damals in Basel sich aufhaltenden Giulio Cesarini, Cardinal von S. Angelo, um sich dadurch den Eintritt in den Dienst dieses einflussreichen Beschützers der Humanisten zu ebnen. Zwar ging dieser Wunsch des Enea nicht in Erfüllung, hingegen nahm ihn bald darauf der Bischof Bartolomeo von Novara in seine Dienste. Solche Verhältnisse mochten einem etwaigen spätern Fälscher kaum bekannt sein.

Gewiss hat Aeneas Sylvius, damals selbst noch Sekretärdienste für andere verrichtend, seine Missive an den Cardinal Giulio Cesarini mit eigener Hand geschrieben. Sollte sie nicht noch in seinem oder Cesarini's Nachlasse, wenn noch vorhanden, oder sonst irgendwo in Italien unter vernachlässigten Papieren zu finden sein?

Welch' prächtigen Stoff würde der Fund dieser «verlorenen Handschrift» einem unserer jungen Historiker zu seiner Inauguraldissertation liefern!

Sollte einmal eine neue Ausgabe der «Opera omnia» des Aeneas Sylvius erscheinen, gewiss würde man seine Beschreibung der Stadt Basel nicht mehr darin «vermissen», wiewohl sein Geschichtschreiber, G. Voigt, sie mit Stillschweigen übergeht.

Wenn ich Pius II. nach seinen «Commentarien» d. h. Denkwürdigkeiten, welche er durch seinen Sekretär Giovanni Gobellini hat schreiben lassen, nach seinen Briefen, nach seinem Verhältnisse zu Sigismondo Malatesta, der ihn in seinen Commentarien viel beschäftigt, endlich nach seinen Schöpfungen in Pienza und seinem Bilde im dortigen Palaste beurteile, kann ich mir gut denken, wie die vom Humanisten Platina, dem Verfasser einer Geschichte der Päpste, über ihn geschriebenen Worte «Aspectu severitatem facilitate conditam ostendebat» zutreffend mögen gewesen sein. Seine Züge verraten Ernst und festen Willen, ohne Willfährigkeit und Milde auszuschliessen, seinem Thun entsprechend. Die von mir genannten Schriften bezeugen seine vielen Kenntnisse, seinen regen Geist und seine weltmännische Erfahrung; freilich kennzeichnen sie ihn auch als den Weltmann, den leichtlebigen. Erst nach meiner Rückkehr zu Hause musste es mir beim Lesen seiner Briefe klar werden, warum der Wirt, mit ganz besonderm Nachdrucke, die Faust der Rechten auf die flache Linke schlagend, mich in Antwort auf meine allgemein gehaltene Frage über die Piccolomini versicherte, dass der Conte im Palaste drüben ein ganz direkter Nachkomme des Aeneas Sylvius sei. In dem an seinen Vater gerichteten Briefe, Nr. 15 Buch I, empfiehlt er nämlich seiner Fürsorge ein Grosssöhnchen, so lange bis er selbst in der Lage sei, es zu sich zu nehmen und in seinem Berufe zu erziehen. Die Mutter sei eine gebildete englische Dame, Namens Elisabeth, deren Bekanntschaft er auf ihrer Durchreise in Strassburg gemacht und nachher wieder in Basel erneuert habe. Sie wäre entzückt gewesen, sich mit ihm in seiner Muttersprache, die sie selbst vollkommen beherrschte, unterhalten zu können. Das sehr eingehende Schreiben streift auch die Begegnung des Antonius und Cäsar mit Cleopatra. Diese Briefe, in trefflichem Latein geschrieben, behandeln alles Mögliche; einer z. B. an Ladislaus, König von Ungarn und Böhmen, ist ein ganzer Traktat über Kindererziehung; ein anderer, Nr. 23 ist voll der feinsten Bemerkungen über den Stil der Rede.

Als ich beim Signor Commendatore Conte Niccolò Piccolomini, dem jetzigen Eigentümer des Palastes, meine Karte abgab, auf der ich mich als Basler zu erkennen gegeben hatte, liess er mir sagen, dass er eben zu Tische gegangen sei, mich aber gerne nachher empfangen würde. So ging auch ich zur Tafel in meine Trattoria, welche dem Palazzo beinahe gegenüber liegt. Es muss sich bei keinem von uns Beiden um ein lukullisches Mahl gehandelt haben, denn nach kurzer Frist begegnete ich dem Conte, der unter seiner Hausthüre mich zu empfangen bereit stand und mir freundlich die Hand darreichte — eine sechs Schuh lange, magere aber knochige, in der That eines Engländers würdige Gestalt — in seinem einfachen Kleide das Urbild eines ältern Landjunkers, und zwar eines ledigen. Aus Siena gebürtig und meist dort, wo so schön gesprochen wird, wohnhaft, fiel mir seine etwas nachlässige Aussprache auf, die ich zum Teil auf das Fehlen einiger Tasten im Sprechregister zurückführen konnte. Zudem aber war statt des vor den Vokalen a, o, u einem k gleichlautenden c ein aspiriertes h vernehmlich, was ich allerdings auch schon oftmals in Florenz bemerkt hatte, wo das Volk von hane, hosa, hucina spricht. Selbst unter den cultivierteren Ständen soll man sich bisweilen darin gefallen, so zu sprechen. Der gutmütige Herr liess zuerst in zuvorkommender Weise einige Worte über meine Vaterstadt fallen, ging dann aber sofort zu Entschuldigungen über, dass er mich in einem so verwahrlosten Hause empfange, wie sein Palast allerdings eines war. Einer seiner Vorfahren nämlich, ein Alfonso, hätte sich einst in den Kopf gesetzt, allein mit seinen Hörigen Karl V. sich zu widersetzen. Natürlich habe er den Kürzern gezogen, wobei durch das Kriegsvolk und über die Dauer der Konfiskation der Güter der Palast verwüstet worden sei, mit dessen Restauration er sich nun beschäftige. Mich davon zu überzeugen, machte er mir die honneurs des ganzen Baues, in welchem nur noch ein Zimmer mit kassettierter Decke und einem kleinen schadhaften Frescobilde, Pius II. darstellend, vom gleichzeitigen Maler Matteo da Giovanni, im ursprünglichen Zustande sich befindet. Von diesem Bilde gelang es mir eine Photographie zu erhalten, deren getreue Wiedergabe in Holzschnitt meinen Lesern willkommen sein dürfte. Die grossen Säle sind zu kleinen Zimmern mit modernen Tapeten degradiert worden. Die Loggia hingegen mit der schönen Aus-

Papst Pius II. (Aeneas Sylvius.)

sicht, der innere Hof mit der ihn umgebenden Arkadenhalle und den korinthischen Säulen aus Travertin, die äussere Fassade im damaligen, sogenannten florentinischen Stil sind ziemlich gut erhalten. Der nämliche Stil hat seinen Einfluss auf viele Privatgebäude des kleinen Ortes ausgeübt. Der Conte Piccolomini besitzt grosse Ländereien in der Umgegend und da er mit seinen Pferden von Siena hergekommen war, so bot er mir an, des andern Tages einen Ritt mit ihm über seine Güter zu machen, welches Anerbieten ich aber dankbar ablehnte, ohne erst das

wahrscheinliche Veto meines Custoden abzuwarten. Landbesitzer sollen alle Einwohner des nur 1500 Köpfe zählenden Städtchens sein. «Tutti sono possidenti,» sagte mir vergnügt der Wirt. Glücklich der Ort, wo dieses Wort gilt. Mein eifriger Cicerone erzählte mir viel von einer alten Kirche aus heidnischer Zeit (dei gentili), welche unten am Berge ausserhalb der Mauern sich befinde. Mein Reisehandbuch erwähnte einer solchen nicht. Um so begieriger war ich zu sehen, was an der Sache sei. Statt der Überreste eines römischen Tempels, wie ich erwartete, fand ich ein noch ziemlich gut erhaltenes Kirchlein romanischen Stils mit wuchtigen Baubestandteilen im Innern, welche allerdings vielleicht von einem frühern Römerbau herrühren dürften. In Siena konnte ich eine Photographie davon erhalten. Der Katalog bezeichnet diesen Bau als «antico tempio pagano, detto la chiesa della Pieve». Der hübsche Brunnen auf dem Domplatze und die alte nun ausser Gebrauch befindliche Kirche S. Francesco, in welcher ich einen Geistlichen damit beschäftigt fand, Frescobilder aus der Schule des Filippo Lippi, wie er meinte, von der weissen Tünche zu befreien, erschöpfen neben dem genannten alles im ehemaligen Corsignano Sehenswerte. Als ich meinen Rundgang ohne den geschäftigen Cicerone schloss, welcher der «Cena» wegen nach Hause geeilt war, geriet ich in einige hässliche Gässchen, zu deren schönen Namen wie z. B. «Vicolo dell' amore, Vicolo del bacio» dasjenige, was meine Sinne wahrnahmen, den auffälligsten Gegensatz bildete. Ich rate dennoch zu einem Besuche in Pienza.

VI.

AMELIA.

m Morgen des 10. Mai legte ich die Strecke
Torrenieri — Poggibonsi — Colle mit der
Eisenbahn zurück, da ich wo möglich in
einem Tage von Pienza nach Volterra gelangen wollte. Siena, wo ich mich einige
Stunden aufhalten konnte, fand ich seit meinem Besuche
vor vier Jahren zu seinem Vorteile verändert. Die Eisenbahn reicht nun mittelst einer kurzen Zweigbahn bis
dicht an die auf ihrem Hügel liegende Stadt. Gewerbliche Thätigkeit beginnt sich einzubürgern, ohne der
Physiognomie der Bevölkerung bisher zu schaden. Freilich rekrutiert sich diese aus der ländlichen Umgebung,
wo ein prächtiger Menschenschlag wohnt. Eine Illu-
stration hierzu gebe ich in den diesem Kapitel einge-
reihten Bildern zweier Bäuerinnen. Denke man sich eine
derselben, z. B. die im Brustbilde wiedergegebene, bei
Beginn des Cinquecento in der Universitätsstadt Ferrara
geboren, von ihrem Vater, dem Marchese . . . . den
besten Lehrern anvertraut, der beiden Sprachen mächtig,
damals griechisch und lateinisch, welche Siege hätte die
Dame in der Gesellschaft am Hofe in Urbino gefeiert!
Welche Metamorphose alsdann in den Augen, dem Mund,

Bäuerin aus der Umgegend von Siena.

der Rede, dem ganzen Mienen- und Geberdenspiel. Ob
zum Vorteil? Das ist die Frage. Ich halte mich einstweilen an die contadina. Und so möchte ich auch ihre
Begleiterin in keinem andern Gewande kennen, als in
ihrem sonntäglichen Putze. Lebte heute wieder Agostino di Duccio, dessen Altarbild eine der Hauptzierden
des Doms, dieses zweiten Museums, in Siena bildet, er
brauchte ihre Züge nicht weiter zu idealisieren, um sie
in eine Madonna umzuwandeln. Das sienesische Element
milder Anmut findet sich in ihr verkörpert.

Von Poggibonsi führt eine Schmalspurbahn hinauf
nach Colle, wo mich sofort einige Kutscher umringten.
Ganz bequem, obgleich die Zeit schon etwas vorgerückt
sei, würde er mich noch nach Volterra bringen, sagte
derjenige, welchem ich mich anvertraute. Noch schien
die Sonne und die Bergfahrt nahm ihren guten Anfang.
Aber die nach einander zu übersteigenden Höhen nahmen
kein Ende, nie wollten die Thürme von Volterra am
Horizonte sichtbar werden; die Tageshelle nahm ab, die
Gegend ringsumher schien unbewohnt und kaum bebaut,
zuletzt wurde es bei Sturm und Regen empfindlich kalt,
sodass wir gerne eine Strecke weit zu Fuss wanderten.
Endlich erblicken wir das Ziel. Rasch geht es den
letzten Hügel hinauf und plötzlich verändert sich das
Bild. Die im Westen ins Meer untertauchende Sonne
beleuchtet mit einem gelben Tone die bis zur Maremme
sich erstreckende Ebene, durch welche wie ein Silber-
faden der Fluss Cecina sich schlängelt. Bald ist die
Stadt erreicht und zugleich auch der Gasthof, wo ich,
auch hier der einzige Gast, gute Unterkunft finde. Willkommen war sie nach der etwas langen Tagereise.

Zum Ausruhen war der folgende Tag nicht geeignet, denn es gab viel zu sehen in der alten Stadt der Etrusker. Volterra ist so unzugänglich beinahe wie Orvieto. Etwas über fünfhundert Meter thront die Stadt über dem ziemlich nahen Meere. Die alten Mauern, heute noch sehr beträchtlich, deuten auf einen Umfang, welchen die heutige

Der Bargello (die alte Wohnung des Podestà) in Volterra.

Stadt lange nicht mehr hat. Noch im Mittelalter hatte sie eine gewisse Bedeutung, daher die reichhaltigen, mustergiltig geordneten Stadtarchive, der Bargello und das gotische Stadthaus, das in ein Gefängnis umgewandelte mächtige Castell, und eine Anzahl schöner Häuser, wie z. B. die casa Inghirami. Höchst sehenswert sind der Dom, von romanischer Bauart, und das achteckige Baptisterium, ursprünglich aus dem fünften Jahrhundert. Nicht umsonst widmet das Reisehandbuch G.-F. der merkwürdigen Stadt und Umgegend die gebührende Aufmerksamkeit.

Da unsere Ankunft abends spät erfolgt war und der Gasthof der Stadt den Rücken kehrt, so war ich unge-

Das Baptisterium in Volterra.

duldig, mich am folgenden Morgen umzusehen, wo ich mich eigentlich befände. Es bedurfte keiner fünfzig Schritte bergab, denn auch hier giebt es keine horizontale Strasse, so war ich auf der Piazza maggiore, dem Marktplatze, inmitten öffentlicher Bauten im gotischen Stile. Den Weg weiter verfolgend, geriet ich immer mehr in

V

die Tiefe, vergeblich das Gebäude suchend, das man
mir als das etruskische Museum beschrieben hatte. Ich
bat nun einige Herren, denen ich begegnete, um die
nötige Weisung, und einer derselben, ein schöner blonder
junger Mann, bot sich mir als Begleiter an und wich
ungeachtet meiner Einreden den ganzen Morgen nicht
von meiner Seite. Für das etruskische Museum ist im
Jahre 1876 ein schöner, neuer Bau erstellt worden, aus
Erdgeschoss und zwei Stockwerken bestehend. Das
Museum ist besonders wegen seiner ausserordentlichen
Reichhaltigkeit an Aschenkisten sehenswert und lehrreich.
Diese rechteckigen Behälter von 40 bis 60 Centimeter
Länge, aus blossem Tuff oder anderm Gestein, seltener
aus Terracotta oder Alabaster bestehend, bisweilen noch
mit Spuren früherer Bemalung und Vergoldung, sind
über und über mit Skulpturen bedeckt. Die Darstellungen
sind teils der griechischen Götter- und Heroensage ent-
lehnt, teils beziehen sie sich auf etruskische Sitte und
Religion. Der gefällige Abwart suchte mir darüber Auf-
schlüsse zu geben, welche durch die Bilder veranschaulicht
wurden. Wir gewinnen aus diesen Darstellungen die
Überzeugung, dass das rätselhafte Volk der Etrusker an
das Vorhandensein einer unsterblichen Seele im Menschen
glaubte. Während dieser zu Boden sinkt, sieht man
jene in Gestalt eines freudigen Jünglings, von zwei freundlich winkenden Genien und Flötenbläsern begleitet, ihn
verlassen und davon eilen. Oft steht für den davon
Eilenden ein Pferd in Bereitschaft. Auch sieht man
ihn mit der einen Hand dem Dahinsinkenden ein Lebewohl zuwinken, mit der andern Hand auf ein Rad,
das Zeichen der Ewigkeit, deuten. Vielfach dargestellt

ist der schmerzliche Abschied des sterbenden Gatten von dem zurückbleibenden; auch Leichengeleite bilden ein oft wiederkehrendes Motiv. Eine einfachblättrige Blume bezeichnet die Asche von Kindern, eine gefüllte solche von Erwachsenen, und eine Blume mit abfallenden Blättern die Asche von Greisen. Auch ob eine Ehe fruchtbar war oder nicht wird angedeutet. Die grosse Beachtung überhaupt, welche der Familie zu Teil wird, auch die vielen Beziehungen auf ein künftiges Leben lassen mir nun die Etrusker, trotz grausamer Gebräuche, weniger abstossend erscheinen als früher. Thatsache ist, dass die Römer verschiedenes von ihnen angenommen und dass die Etrusker sich schliesslich mit den Römern verschmolzen haben. Die Deutung der Bilder wird durch die hier mehr als sonst irgendwo befindliche grosse Zahl der Aschenkisten erleichtert. Die Arbeit ist eine sehr verschiedene, bald eine rohere, bald feinere, ja feinste, dies namentlich am Alabaster; sie ist meist eine hocherhabene, ja bisweilen ragen die Figuren so aus der Bildfläche hervor, dass sie beinahe freistehen. Auch fiel mir auf, dass die Darstellungen durchaus nicht schablonenmässig, sondern unter sich sehr verschieden sind und deshalb nicht ermüden. Es gilt dies namentlich von den dem griechischen Sagenkreise entnommenen, welche durch ihre Originalität, Lebendigkeit und Schönheit, diese besonders was die Gewandung betrifft, tüchtige griechische Kunsthandwerker voraussetzen. Die etruskische Schrift zu entziffern ist noch keinem gelungen, auch, wie es scheint, dem deutschen Gelehrten (Paoli-Pauli?) nicht, der vor zwei Jahren zwanzig Tage, der etruskischen Sammlungen wegen, in Volterra sich aufhielt.

Ein Stein von der Gestalt einer spitz zulaufenden Birne
(cispità) bezeichnete in dieser Gegend die Grabstätte,
während die Etrusker um Chiusi herum letztere möglichst unkenntlich machten. Von andern Merkwürdigkeiten sind noch sehr eigentümlich geformte, gut ge-
arbeitete Opferschalen aus Stein und zwei Sarkophage
der etruskischen Familie Cæcina erwähnenswert. An
Goldschmuck sind die Sammlungen in Perugia, Viterbo
und selbst im Vatican ungleich reicher, was, wie so oft
bei Altertümern, frühern Plünderungen der Grabkammern
zuzuschreiben ist. Auf das Velatri der Etrusker folgte
das Volaterra der Römer, dessen Spuren wir in der
wenig beträchtlichen Sammlung von Mosaiken und
Münzen verfolgen.

Im zweiten Stockwerke befinden sich die schon
genannten Stadtarchive, deren ältestes Dokument die
‹Statuti volterrani› vom Jahre 1100 sind. Sämtliche
Urkunden und Akten sind in Fascikeln von gleicher
Dicke mit deutlicher Überschrift der Jahrgänge gebunden.
Wie Venedig, so hatte auch Volterra sein ‹libro d'oro›,
und die Stadt hat es jetzt noch. Auf einem Tische
befinden sich zwei schwere, in Leder gebundene Bände,
deren einer die Namen und Wappen der adeligen
Geschlechter enthält, der andere für die Patrizier bestimmt ist. Im gleichen Raume bemerkte ich ein gutes
Glasgemälde mit dem Wappen der Stadt und der Jahres-
zahl 1400.

Ich glaube, mein freundlicher Begleiter würde mir
seinen ganzen Tag geschenkt haben, wenn ich mich
nicht um Mittagszeit dankend von ihm verabschiedet
hätte. Er hatte als Artillerist seine dreijährige Dienst-

Bäuerin aus der Umgegend von Siena.

(Zu Seite 194.)

zeit absolviert und war nun in der Alabasterindustrie beschäftigt, weshalb ich ihn seiner hellen Kleidung und der
milchweiss bestaubten Schuhe wegen anfänglich für einen
Müller (im Adlernest Volterra oben!) gehalten hatte.
Der Alabaster, eine Art des sogenannten dichten Gipses
(s. «Credners Geologie» 1891, pag. 39. 143), dessen
Fundorte sich in dieser Gegend befinden, bildet eine
grosse, aber auch die einzige Erwerbsquelle Volterra's.
Tausende von Kisten mit den aus ihm erzeugten Gegen-
ständen wandern jährlich über die Grenzen Italiens hinaus
und über das Meer, da sie für jeden Geschmack, den
der Massen namentlich, berechnet sind. Dem Fremden
kann es leicht entgehen, dass dieser Erwerbszweig hier
seinen Sitz hat, denn in keiner der wenigen Buden sah
ich Alabasterarbeiten ausgestellt, ein Beweis, wie spärlich
der Fremdenbesuch ist. Ich selbst bekam solche nur
durch die halbgeöffneten Thüren einiger Werkstätten zu
Gesicht, und zufällig noch an einem der Abende im
Gasthofe. Als wir nämlich zu Tische sassen, trat ein
hübscher, etwa zwölfjähriger Junge herein, in der Rechten
einen schweren verhüllten Gegenstand tragend, den er
behutsam auf den Boden niederlegte. Aus der Hülle
nahm er ein rundes Tempelchen von Alabaster, welches
er auf einen Tisch stellte, an welchem einige Herren
sassen, um es ihnen anzubieten. Weit entfernt, der
Sache keine Beachtung zu schenken oder gar etwa sich
zu ärgern, begannen sie nun mit dem Jungen einen
längern scherzhaften Diskurs, der damit endete, dass
dieser wohlgemut sein Tempelchen wieder einpackte und,
ohne sich an uns zu wenden, sich damit entfernte. Kurz
darauf erschien er mit zwei kleinen alabasternen Hunde-

paaren in den Händen. Nun versuchte er sein Glück bei zwei Offizieren, welche an einem andern Tische sassen. Auch sie unterhielten sich mit dem Jungen so hübsch, dass es ein Genuss war es zu sehen und zu hören, und als ob es sich von selbst verstände, besorgte er bei ihnen den Tellerwechsel. Endlich nahm er auch die Hunde wieder mit sich fort, den Offizieren sich höflich empfehlend und auf uns blos einen freundlichen Seitenblick werfend. Der Anstand und die angenehm berührende Ungezwungenheit, deren Zeuge ich an diesem Orte, ausserhalb der Welt beinahe, war, dürften vieler Orten zum Muster dienen.

Die Lage Volterra's lässt sich nirgends besser überblicken, als auf dem schön gelegenen gartenähnlichen Corso. Dort auf dem Rande der steil abfallenden Stadtmauer sitzend, erging ich mich gerne in Betrachtungen über das von dem bisher gesehenen so verschiedene Land. Bepflanzt sind nur die nächsten Gelände. Was sich von da bis zur Ebene hinab erstreckt, ist meistens unbewohntes und unbebautes Hügelland von schwarzem, mergelartigem Aussehen, ohne Pflanzenwuchs. Von den «Popolani», welche natürlich bald um den «Forestiere» sich angesammelt hatten, gab mir einer auf meine Frage, warum die Besitzer jenes Land in einem so verwahrlosten Zustande liessen, die Antwort «non hanno passione» d. h. es ist ihnen nichts daran gelegen; ein anderer meinte «non hanno sangue» d. h. es fehlt ihnen an Blut (Geld). Der undurchlässige Boden nämlich sollte drainiert werden, um ertragsfähig zu werden. Etwas weiter, wo die Ebene beginnt, steigen Rauch und Dampf auf. Dort hat der Bergbau seine Hütten aufgeschlagen, Salz, Eisen und Borax zu Tage fördernd. Man befindet sich eben hier, wie es mir schon beim Aufstieg nach Volterra geschienen hatte, in einem vom übrigen Apennin durchaus verschiedenen Gebirge, dem sogenannten toskanischen Erzgebirge, einem wahren Prüfstein für den Geologen, nach Prof. Zittels Ausdruck. Meister Hephästos ist daselbst noch immer thätig, ist aber friedlich gestimmt; dem «in Erfindungen listiger Kunst weit über Verhoffen gewandten» Menschen dienstbar sich erweisend, holt er ihm aus der Tiefe die boraxhaltigen Gase. Doch 1846 spielte er der Stadt Volterra einen bösen Streich. Heftige Erdstösse verursachten grossen Schaden.

Einer Eigenschaft noch, welche die Reisehandbücher nicht erwähnen, kann Volterra sich rühmen. Die Sprache nämlich, welche dort gesprochen wird, ist, was Reinheit und Ausdrucksweise betrifft, jeder andern in Toskana mindestens ebenbürtig. Hat man nicht schon bemerkt, wie bezeichnend die Popolani bei der Stadtmauer mir Antwort gaben? Der Kutscher, mit welchem ich tags darauf weiter fuhr, sprach so, dass man seine Reden hätte sofort drucken können. Später hatte ich die Genugthuung meine Beobachtung in den «Delizie del parlare toscano» von Giuliani (Florenz bei Le Monnier 1889) bestätigt zu sehen. Dieser Autor rühmt an der Sprache dieser «Nachkommen der Etrusker» die Kraft und das Zutreffende des Ausdrucks. Er widmet ihr im ersten Bande seines Werkes zwei Briefe. Im einen lässt er einen Arbeiter einlässlich die Behandlung des Alabasters erzählen, im andern lässt er eine Frau aus dem Volke die Vorgänge beim Erdbeben von 1846 schildern, einen Bettler in elf Zeilen um ein Almosen bitten, einen Weinbergbesitzer über die Aussichten der Weinernte sich aussprechen u. s. w. Man kann nichts hübscheres und gemütlicheres lesen als diese Bauernreden aus ganz Toskana, wo Manzoni seine Sprache zu den «promessi sposi» sich geholt hat.

Recht kühl war es am Morgen des 12. Mai, als ich dem windigen Volterra Lebewohl sagte. Ich hatte beschlossen mit einem Umweg über San Gimignano, dem von weitem so drollig aussehenden Orte mit den dreizehn Thürmen, nach der Station Colle zurückzukehren. Beim Einsteigen jedoch, meinem Befinden Rechnung tragend, gab ich die Weisung zum direkten Abstieg. Der Vetturin schien es sehr zufrieden zu sein, und ich hatte wenigstens den Vorteil, die mir bei der Herfahrt infolge des Unwetters soviel als unbekannt und in widerwärtiger Erinnerung gebliebene Gegend besser kennen zu lernen. Eine prächtige Sonne, die Munterkeit der ausgeruhten Pferde, die gute Unterhaltung mit ihrem Lenker waren wohl schuld, dass mir nun alles schöner vorkam. Die zu Tage tretenden Alabasterbänke sehen Schneeflächen gleich. Selbst im Strassenkies ist dieses Material vorhanden. Mitten in den baumlosen Hügeln bemerkt man da und dort sorgfältig gepflegte Höfe und Villen, ein Beweis, dass der Boden nicht allein schuld trägt an der Öde. In Roncolla fährt man bei der Villa Campani vorbei, deren Fassade das Tollste ist, was ich je von überreicher und phantastischer Spätrenaissance gesehen habe. Dachgesims wie am Palazzo Strozzi, Loggia im Mittelbau mit vier korinthischen Säulen und Balconen, im Erdgeschosse drei reich dekorierte Eingänge, und alles über und über mit Blumengewinden, Amoretten

und Putti bedeckt. Ein warmer gelber Ton verbindet
die Terracotten (?) und das Mauerwerk aufs ange-
nehmste. Der plötzliche Anblick des halb feenhaften
Palästchens in dieser halben Wüste wirkt höchst über-
raschend. Meine Skizze musste leider zu rasch ausge-
führt werden, als dass ich sie hätte verwerten können.
Nicht weit von diesem kleinen Eldorado (Garten mit
Springbrunnen vermehren den Zauber) bemerkte ich in

Die alte verfallene Burg Cigna bei Volterra.

der Höhe einen Mann, welcher im Boden arbeitete.
«Jener dort», sagte mir der Kutscher, «ist ein Sprosse
der Familie Cigna, einer der ältesten im libro d'oro.»
Die verfallene Burg seiner Väter, die elenden Hütten
dabei, der Gedanke, dass wahrscheinlich der Arme für
die Sünden seiner Väter büsse, lockten mir das Bleistift
aus der Tasche. Landbesitz, dachte ich dabei, bleibt in
gewissen Fällen unsere sicherste Stütze. Er und der
Landbau, und die sich mit dem Landbau befassen,

grosse wie kleine, sie seien in Ehren gehalten. Die Schwierigkeit der Bebauung mag hier die Ursache sein, dass grosse Complexe sich in einer Hand befinden. Ich konnte letzteres aus den Pfählen schliessen, welche mit dem Namen des Eigentümers versehen von Strecke zu Strecke die Grenzen seiner Besitzung bezeichnen. Da liest man ausser italienischen auch englische Namen, z. B. ‹bandita (Gehege) Newton, bandita Smith›. Der Kutscher war nicht gut auf die Herren überhaupt hier zu sprechen. Sie wollten nichts für die Entwässerung des Bodens und dergl. ausgeben ‹non vogliono buttar fuori soldi›, sonst würde auch hier alles gedeihen können. So aber bleibe der Boden so wenig abtragend, dass auch beim System der ‹mezzadria›, wobei die Hälfte des Ertrages dem Bauer verbleibt, dieser darben müsse. Einen Vorzug jedoch besitzt diese Gegend vor andern, es ist derjenige reiner guter Luft infolge der hohen Lage. Es fehlt daher auch nicht an sogenannten countrygentlemen, welche aus Liebe zum Landleben das ganze Jahr hier bleiben, so der Marchese Incontri auf seiner schönen Villa zu Pignano.

Ausser der erfrischenden Luft war mir, so lange der Weg auf der Höhe blieb, die Fernsicht ein hoher Genuss, San Gimignano bleibt lange sichtbar und zwar von verschiedenen Seiten. Von seinen vielen Thürmen konnte ich aber jeweilen nur sieben sehen. Nach und nach kommt Volterra ausser Sicht. Man befindet sich wieder in einer lachenden Gegend, deren Reichtum in Wein und Öl besteht. Leider, viel zu früh, höre ich schon das Auftreten der Pferdehufe auf dem Strassenpflaster von Colle, und aus ist's mit dieser Musik. Denn

San Gimignano, zwischen Volterra und Poggibonsi.

hier beginnt der Schienenstrang, der unerbittliche, der mich der Freiheit beraubt. Eine steile Gasse führt ins Städtchen hinab oder vielmehr in die Stadt, denn zu einer solchen stempeln den Ort die roten Medici-Pillen im goldenen Wappenschilde am Gemeindehause und die grossen neuen Gebäude der Schule, des Spitals, des albergo di Venezia. Vom Vetturino nahm ich fast wehmütigen Abschied, denn ob mich noch einer je fahren wird — ist die Frage. Eine ‹mancia› nach Basler Begriffen stellte ihn so zufrieden, dass er mich noch die kurze Strecke der Lokalbahn entlang nach Poggibonsi fahren wollte. Aber ich wollte zu guterletzt auch noch von einem dieser traulichen ländlichen Alberghi Abschied nehmen und kehrte bei Luigi Cardinali ein, so heisst der Besitzer des genannten albergo di Venezia.

Der köstliche Alte, im weissen Zwilchkleide mit rotem Gürtel, klopfte mir auf die Schulter und versprach mich zu befriedigen und hielt Wort. Risotto, Bistecca, Brot, Käse, Wein, alles war prima Qualität; letzterer, ein Getränke dem San Giovese von Ravenna ebenbürtig, stamme aus der Umgegend, man nenne ihn vino del Capro und er koste im Herbste 25 Lire die hundert Kilogramm (= 1 Hektoliter) und das Glas schenke man zu 2 Soldi aus. Im Winter trinke man den Wein von San Gimignano, weil er etwas mehr Leib habe. Das Öl koste hier 52 Lire die 40 Liter, pomi d'oro erhalte man ein Kilo für 2 Soldi, die Kühe gäben 30 bis 40 Liter Milch im Tag, die Qualität des Korns sei eine so feine, dass man das Mehl davon zum Coupieren geringerer Sorten verwende u. s. w. Kein Wunder, dass unser fürstliches Essen mit Inbegriff des Kaffees nur

Lire 2. 25 per Kopf kostete, und dass die Familie des Wirtes, die ich an ihrer Tafel begrüsste, eine überaus stattliche war. Einem durchreisenden Engländer muss sie auch gefallen haben, denn er photographierte sie und sandte den Leuten das Exemplar, welches in der Gaststube hängt.

Kaum hat man in den luftigen Wagen der bergabsausenden Lokalbahn Zeit, in dem romantischen Thälchen sich nach Herzenslust umzusehen. Die Einmündung in das val d'Elsa vor Poggibonsi gehört zum Lieblichsten. Die Elsa nach ihrer Vereinigung mit der Staggia wird von zwei Hügeln eingefasst, deren ein jeder von einer grossartigen Villa (Ricasoli die eine) und Alleen von Pinien und Cypressen gekrönt ist. Noch jetzt bereue ich, es nicht möglich gemacht zu haben, einen Tag in diesem Paradiese zu verweilen, um von da aus jenes Unicum San Gimignano, das in zwei Stunden zu erreichen ist, zu besuchen. Lohnende Ausflüge dieser Art sind nun von Florenz aus ungemein bequem und rasch zu bewerkstelligen. In Poggibonsi an der Station traf ich wieder auf die Carabinieri, während ich seit zehn Tagen nirgends im Gebirge und Hügellande Polizei bemerkt hatte.

An einer Zwischenstation auf der Fahrt nach Empoli konnte ich während des Haltes das auf der gegenüberliegenden Höhe befindliche alte Haus des Boccaccio skizzieren. Er nannte sich nach dem Weiler daselbst «da Certaldo». Das Haus soll noch ganz dasselbe sein wie zu seinen Lebzeiten (1313—1375), was man von der italienischen Prosa nicht sagen kann. Zwar in meiner Jugend hielt man auf die seinige noch grosse Stücke. Die heutige «lingua parlata» war noch nicht an der Tages-

ordnung. Man übte sich unter Prof. Picchioni an einigen
der lesbaren Novellen aus Boccaccio's Decamerone.
«Shocking», meinte dazu Dr. Marriot, welcher uns zu
gleicher Zeit mit dem guten Vicar of Wakefield be-
schäftigte. Doch mir gefiel jenes dem Lateinischen so ähnliche Italienische. Die Spannung, in welcher der Leser
bei Boccaccio durch das ans Ende der Sätze geschleuderte
Zeitwort erhalten wird, und die Kraft, welche darin liegt,
hatten für mich einen besonderen Reiz. Auf diesen

Wohnhaus des Boccaccio in Certaldo.

Meister der italienischen Prosa im XIV. Jahrhundert
folgten Dante, etwa noch der farbenreiche Ariosto und
der schlaue Macchiavelli, den mein Lehrer besonders
liebte. Ich lernte wohl die Klassiker kennen, es war ein
Genuss, aber in die heutige Sprache mich hineinzufinden
ward mir später recht schwer. Dagegen würde ich später
schwerlich mehr mit jenen Klassikern bekannt geworden
sein und dadurch eine Einbusse erlitten haben. Es hat
alles seine Zeit. Als Professor für italienische Litteratur
an unserer Universität hatte Prof. Picchioni es so gut

14

verstanden, der schönen Sprache einen grössern Freundes-
kreis zu erwerben, dass er einige italienisch gesprochene
öffentliche Vorlesungen über Dante halten konnte. Sie
sind im Jahre 1857 gedruckt worden.

Das Schöne bei der Einfahrt in Florenz ist, ohne
ein Praeambulum durch Vorstädte sich plötzlich in die
Mitte herrlicher Bauwerke aus alter Zeit versetzt zu
sehen. Wenn man im Omnibus sitzt auf dem Wege
zum Gasthofe, gehen Sta. Maria Novella, der Dom, Or
San Michele u. a. m. wie in einer Laterna magica an
uns vorüber. Wo in der Welt ist ähnliches? Das Bild
jedoch, das meiner wartete, als ich, der «Stella d'Italia»
diesmal untreu, am Lungarno abgestiegen war, er-
nüchterte mich schnell. Wir waren gerade in zwei Par-
terrezimmern beschäftigt uns abzukühlen und von den
Sedimentärgebilden der Apenninreise zu befreien, als ein
nicht enden wollendes Wagengerassel uns ans Fenster
lockte. Es war das Ausklingen eines in den Cascinen
stattgefundenen Sports, zu welchem, nach den kostbaren
Damentoiletten und den eleganten Gespannen mit den
gepuderten Kutschern zu urteilen, Old England das weit-
aus grössere Kontingent geliefert hatte. Die Fremden-
kolonie in Florenz, das sieht man namentlich auch
an den mit einem Luxus wie nie zuvor ausgestatteten
Schaufenstern, hat sich ungemein vergrössert, sodass die
frühere Residenzstadt von dem erlittenen Stosse sich
wieder zu erholen scheint.

Ich hatte viel zu bewältigen, wollte ich an dem einzigen Tage, über den ich noch verfügen konnte, meinen
wissbegierigen treuen Friedrich mit einigen der haupt-
sächlichsten Sehenswürdigkeiten bekannt machen, und

bestimmte hierzu eine Spazierfahrt nach San Miniato, der mir liebsten aller Basiliken, einen Gang zu den Grabmonumenten in Santa Croce, wo ich ein schönes Gipsmodell zu einem Standbilde Donatello's sah, und den Besuch der Gemäldegalerien, wo es mir namentlich um eine Wiederbegrüssung der Donna Velata im Palazzo Pitti zu thun war, der schönen Florentinerin, der von Rafael gemalten wenn auch von Andern zum Teil übermalten, seinem Modell zur Madonna di San Sisto. Dies nämlich, um es gleich zu sagen, der Ausspruch Giov. Morelli's (Lermolieffs) in seinem Werke «Die Galerien Borghese und Doria Panfili in Rom», und ich unterziehe mich seinem Urteile, ja ich stimme ihm aus voller Überzeugung zu.

Meine Ährenlese zu beendigen, wobei ich Prato und Pistoja dahinten lassen musste, hielt ich mich noch einen Tag in Mailand auf. Die berühmte Certosa bei Pavia würde eine gar zu empfindliche Lücke in meinem Repertorium gelassen haben. Rasch brachte mich die Eisenbahn am sonnigen Sonntage des 15. Mai in die kühlen Räume dieses nun zu einem Nationaldenkmal gewordenen ehemaligen Kartäuserklosters, das Giangaleazzo Visconti († 1402) hat erbauen lassen. Der innige Bund, welchen Skulptur und Architektur hier miteinander eingehen, entzückt das Auge. So genaue historische Gemälde, welche uns in die Zeit ihrer Entstehung zurückversetzen, wie die Gruppen zu beiden Seiten des Hauptportals der Klosterkirche, wo viele Figuren frei vom Hintergrunde sich abheben, glaubte ich noch nirgends gesehen zu haben. Vielen derselben fehlt leider der Kopf, für welchen Vandalismus man dasselbe fremde Kriegsvolk verantwortlich machen will, welches vor bald hundert Jahren das Refektorium mit Lionardo's Abendmahl in Mailand als Pferdestall benutzte. Zu einem Gange durch dieses Museum, an welchem über ein Jahrhundert gebaut wurde, wolle mein Leser Jakob Burckhardts Cicerone und seine Geschichte der Renaissance sich zum Begleiter nehmen. Unser officieller Cicerone, ein, wie aller Orten in Italien, ausgedienter Unteroffizier, nette Leute übrigens, gab uns anderthalb Stunden, um die Schätze alle zu sehen. An diesem eintrittsfreien Sonntage hatte sich zur Besichtigung auch eine Schar der weiblichen Bauernsame aus der Umgegend, Mütter mit ihren Kindern, eingefunden. Die Letztern bewiesen eine auffallende Neugierde oder Aufmerksamkeit und waren stets die Ersten, dem erklärenden Cicerone zu folgen und nach den in jeder Kapelle aufgelegten Inhaltsverzeichnissen zu greifen, um sie einander vorzulesen. Eine dieser kleinen Vorleserinnen, ein Töchterchen von etwa zehn Jahren, von leicht gebräuntem Teint, war ganz besonders hübsch und schien den dunkeln Augen nach zu urteilen, auch entsprechend gescheit. Die reizenden Züge des mit einem bunten Tuche bedeckten Köpfchens fielen auch einer deutschen Dame auf, welche, davon entzückt, dem Kinde scherzend die Hülle abstreifte. Unser Cicerone, das immer in seiner Nähe befindliche liebliche Geschöpf freundlich mit der Hand hätschelnd, hatte auch seine Freude an dessen Wissbegierde und erzählte mir, wie diese armen Kinder nur von «pan giallo», d. i. Maisbrot, und Wasser lebten und die Eltern nicht viel besser; auffallend sei trotz der öftern Arbeit in den bewässerten Reisfeldern das noch gute Aussehen der Bevölkerung. Mit den Müttern mich verständlich zu machen war mir nicht möglich, da sie nur ihren Dialekt sprachen. Die Kinder dagegen, Dank der neuen Ordnung der Dinge, lasen und sprachen die lingua parlata.

Die warme Sonne that wohl nach dem langen, wenn auch relativ kurzen Verweilen in der kühlen Kartause. Ich richtete meine Schritte nach der nahen Wirtschaft, wo Weizenbrot, Rotwein und Salami meiner warteten, während ich in naher Entfernung meine kleine Freundin aus der Certosa mit ihren Gespielinnen zu ihrem «pan giallo» und Wasser zurückkehren sah. Den Kindern und mir eine kleine Freude zu bereiten, trat ich zu ihnen hinzu und gab jedem ein Silberstück, damit sie mit ihren «Mamà» an etwas Wein und «pan bianco» sich gütlich thäten; auch sollten sie auf die Gesundheit des Svizzero trinken. Das war ein Fest! Tanzend, jubelnd und die Arme in die Höhe reckend schieden die Glücklichen von mir.

Das Los des Landvolkes in der Lombardei ist im ganzen ein hartes. Grundbesitz hat es keinen. Von den Signori und Padroni sehr abhängig, leidet es unter der Unzulänglichkeit der Wohnung und der Nahrung. Daher die bekannte Pellagra, eine im Mailändischen viel vorkommende Krankheit, eine Art Aussatz, welche mit kranken Maispflanzungen in Zusammenhang gebracht wird. Bis jetzt hat die Unzufriedenheit unter dem Bauernvolke der Lombardei, so oft sie sich auflehnend äusserte, immer beschwichtigt werden können. Die Missstände in den agrarischen Verhältnissen sind aber der Art, dass sie unter Umständen zu Gewaltthätigkeiten führen könnten. Eine Reform derselben ist leider eine schwierige Sache.

Dass ich von der schönen Certosa, diesem wundervollen Bau, welcher auch den Nichtbauverständigen in

Entzücken versetzt, so wenig erzählt habe, hat seine guten Gründe. Aus den gleichen Gründen habe ich auch bei andern Sehenswürdigkeiten mich der Kürze beflissen und meine Erzählung auf die persönlichen Eindrücke und kleinen Erlebnisse eines Touristen beschränkt, und um etwaige Erwartungen des Lesers nicht zu täuschen, die sechs Kapitel mit den Namen mehr oder weniger zum Erzählten in Beziehung stehender Persönlichkeiten überschrieben anstatt mit Namen berühmter Städte.

Nach Mailand zurückgekehrt zog ich mich, um der Sonne auszuweichen, in den Dom zurück, welcher ebenfalls ein Denkmal ist, das der Erbauer der Certosa sich gesetzt hat. Die weiten Räume werden in den Nachmittagsstunden des Sonntags von der kirchlichen Behörde auf praktische Art verwertet zum Besten gewisser Volksschichten, die alsdann teils zufällig teils absichtlich im Gotteshause sich einfinden. Ich bemerkte nämlich in den Seitenschiffen drei durch Tücher verhängte Abteilungen, in deren jeder ein Geistlicher amtete. Ich begab mich in diejenige, aus welcher die lauteste Stimme ertönte, und fand daselbst ein zahlreiches männliches Publikum aller Volksklassen, meist jedoch der unteren, versammelt. In gut verständlicher Sprache erging sich der Geistliche über die Sünde, und zwar mit einer solchen Zungenfertigkeit und Lebendigkeit der Mimik, dass man notwendig dem Vortrage folgen musste. Da und dort ein von des Lebens Mühe Erschöpfter schlief allerdings auf seinem Stuhle. Nach einiger Zeit fiel mir auf, dass der Vortragende in wesentlichen Dingen sich wiederholte. Offenbar geschah dies wegen des flottanten Teils der Zuhörerschaft. Es sollte womöglich jedem auch nur kurze

Zeit Anwesenden ein Kardinalpunkt zu Gemüte geführt werden.

In eine andere Abteilung für die Frauen konnte ich nur durch leichtes Öffnen des Vorhanges einen Blick thun. Ein Ab- und Zugehen fand hier nicht statt. Auch schien mir die Zuhörerschaft eine gewähltere. Der würdige Geistliche sprach zu ihr mehr im Tone freundlicher ruhiger Unterhaltung.

In dem dritten abgeschlossenen Raume, der eine etwas unruhige Knabenschar enthielt, wurde Kinderlehre abgehalten. Der Geistliche, ein hübscher älterer Mann, behandelte in eindringlicher Weise das Gebot der Liebe von Seiten der Kinder zu den Eltern, der Schüler zu ihren Seelenhirten und Lehrern, der Untergebenen zu ihren Obern. Als einer der Knaben sich gar zu unachtsam geberdete, wurde ihm in gutem Mailänder Dialekt ein Verweis zu Teil. Das Ende des von mir mit Interesse verfolgten Katechismus war den Jungen offenbar erwünschter als mir.

Es war nicht das erste Mal, dass ich im Mailänder Dom den ihres Amtes waltenden Herren gerne zuhörte; nie habe ich sie in einer unsere protestantische Gesinnung verletzenden Weise sich äussern hören. Wie anders, als ich einst zur Osterzeit in Rom einem Jesuitenpater zuhörte, welcher gegen unsere Reformatoren so auftrat, dass die anwesende, aus niederm Volke bestehende Zuhörerschaft kaum anders als von Hass gegen alle Nichtkatholiken erfüllt das Gotteshaus verlassen musste. Die von mir an Sonntagen im Mailänder Dom gehörten Vorträge schweiften nie über das Gebiet der christlichen Sittenlehre hinaus, welche der ganzen Christenheit aller Bekenntnisse gemeinsam ist und jener Einen Kirche zu Grunde liegt, innerhalb welcher alle guten Menschen, ohne wegen dogmatischer Divergenzen sich zu entzweien, sich im Frieden zusammenfinden und welche mein Freund Don Antonio träumte und anstrebte.

Während meiner Inanspruchnahme durch die Geistlichkeit hatte mein getreuer Hüter sich auf das Dach des Domes begeben, um daselbst dessen einzigartige Marmorkrönung zu bewundern und die Fernsicht auf die Brianza und die Alpen zu geniessen. Seiner Obhut mich alsdann entziehend, gab ich mich im Albergo der Ruhe hin, bis die Stunde kam, da ich mit Freunden den Abend fröhlich schliessen konnte.

Es war Sommer geworden, als mich am 16. Mai der Gotthardbahnzug der schönen Stadt und zugleich dem «bel paese» entführte. Doch ich wäre undankbar, wollte ich von einer Entführung reden. Allerdings bedauerte ich, nicht alle Ähren aufgelesen zu haben, nach denen ich unterwegs die Hand hätte ausstrecken können. Aber es war weder Gleichgültigkeit noch Bequemlichkeit, wenn ich es nicht that, wenn ich bei Cesena und Pésaro, beide in der Geschichte der Malatesta oft genannt, vorbeieilte, wenn ich den Reizen des über Rimini thronenden Felsens von San Marino widerstand, wenn ich es aufgab, von Sinigaglia aus das nahe Ancona, dann Recanati, die Heimat des grossen, aber unglücklichen Leopardi u. a. m. zu besuchen. Nein — Gefühle einer Entführung konnte ich keine empfinden, wurde ich doch, bereichert mit den Früchten meiner Nachlese, der treuen Gefährtin meines Lebens wieder zugeführt, deren Bild

ich heute noch, da das Laub vom Baume fällt, wie zur
Zeit, da es Frühling war, stets mit den Worten begrüsse:
«Tecum vivere amem, tecum obeam libens.»*)

K a r l   V i s c h e r - M e r i a n.

Auf Wildenstein, 22. September 1893
als am dritten Jahrestage nach unserer goldenen
Hochzeitsfeier daselbst.

---

*) Hor. od. III. 9. Der Duft dieser Liebesbeteuerung liegt in
der lateinischen Wortform, und würde durch jede Übertragung nur
verlieren.

VERZEICHNIS

DER

ILLUSTRATIONEN.

———

Leider bin ich nun an dem Punkte angelangt, an welchem
mir nichts mehr zu thun übrig bleibt, als Allen zu danken, welche
mir bei der Erstellung dieser Blätter behilflich gewesen sind. Ganz
besonders finde ich mich meinem geehrten Verleger, Herrn Benno
Schwabe, für die von ihm meiner Arbeit geschenkte Aufmerksamkeit und Geduld zu herzlichem Danke verpflichtet.

K. V.-M.